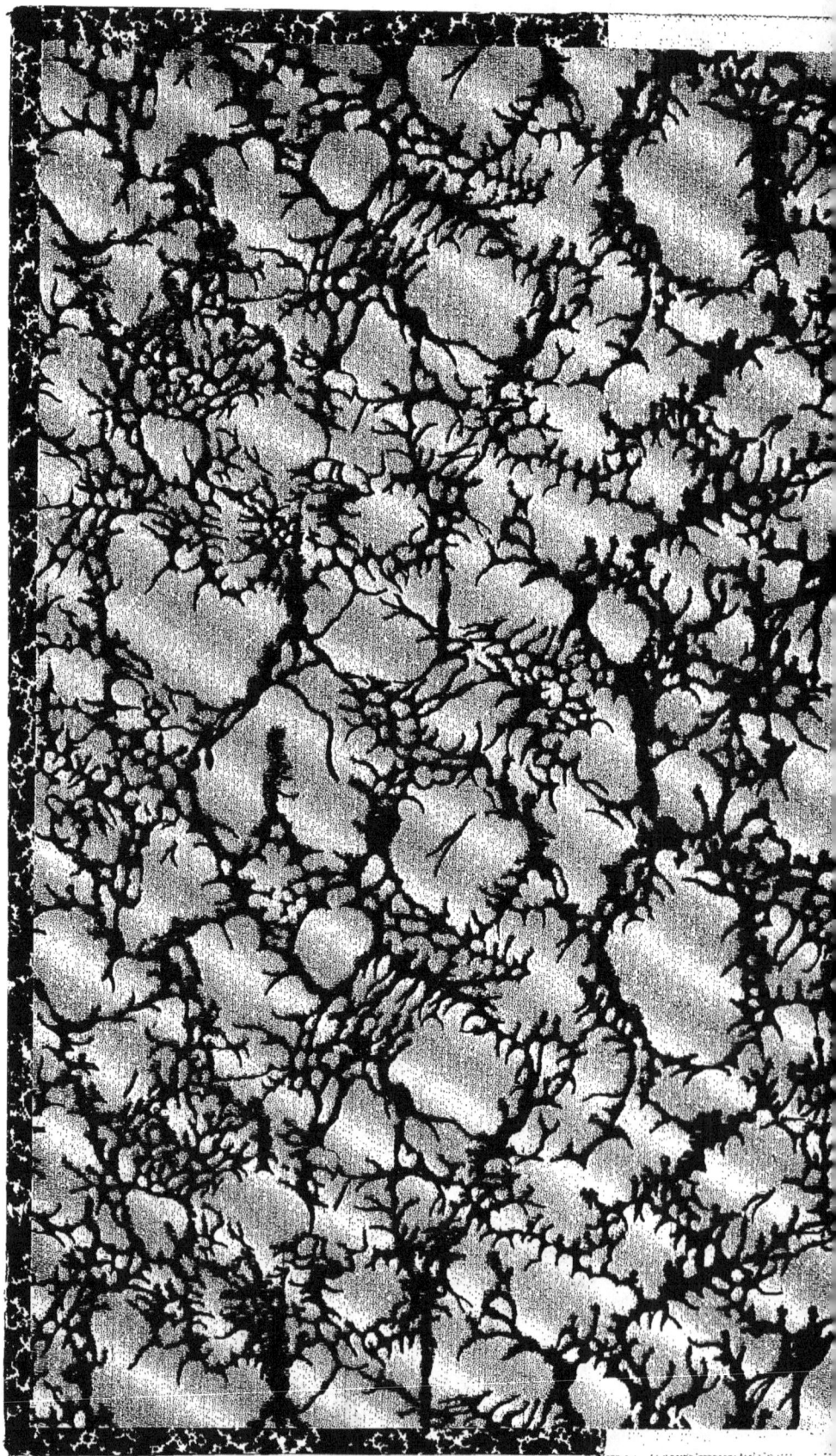

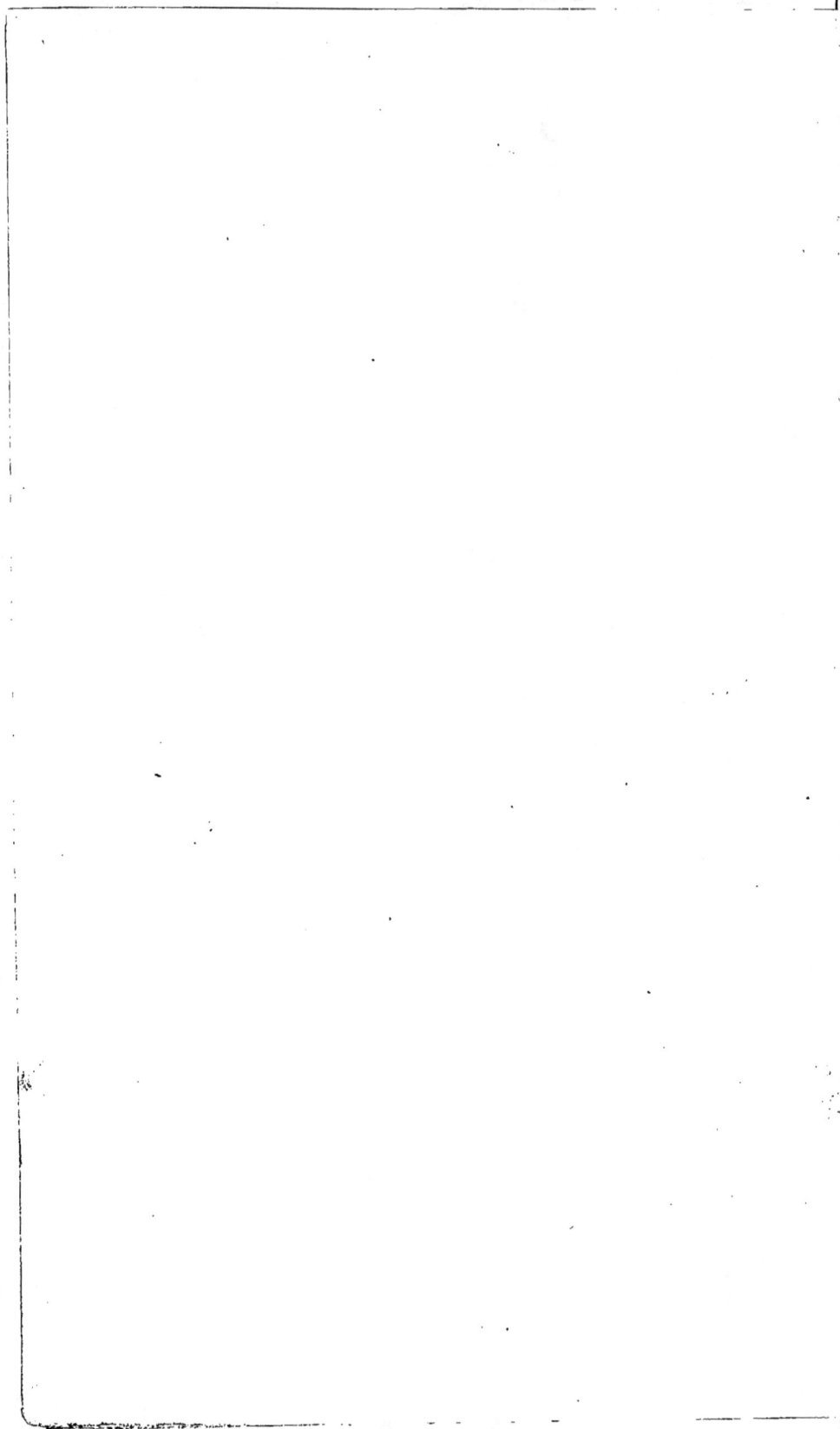

Jean Monnet

IL A ÉTÉ TIRÉ 375 EXEMPLAIRES DE CET OUVRAGE

sur papier de Hollande.

PARIS. — IMPRIMERIE ALCAN-LÉVY, 61, RUE LAFAYETTE

JEAN MONNET

Fac-similé d'une gravure de A. de Saint-Aubin,
d'après un dessin de C. N. Cochin.

ARTHUR HEULHARD

Jean Monnet

Vie et Aventures

D'UN ENTREPRENEUR DE SPECTACLES

AU XVIIIᵉ SIÈCLE

AVEC

UN APPENDICE SUR L'OPÉRA-COMIQUE

DE 1752 A 1758

Un portrait et une estampe

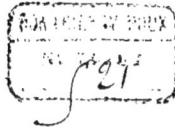

PARIS

A. LEMERRE, LIBRAIRE-ÉDITEUR

PASSAGE CHOISEUL, 27-31

1884

A Messieurs les Directeurs de Théâtre

MESSIEURS,

ETTE manière d'Epître dédi-
catoire vous revient de droit.
Ce portrait de Jean Monnet
s'accroche de soi-même à votre
mur. C'est un portrait de
famille.

Jusqu'à ce jour, l'idée d'écrire l'histoire
d'un directeur de théâtre d'il y a cent ans

*n'était venue à personne, que je sache ; et, pour
la justifier, il fallait à l'objectif de l'auteur un
type de relief assez puissant pour intéresser
MM. les impresarii de la génération présente.*

*Monnet m'a paru propre à cette expérience,
et je l'ai tentée.*

*En France, la vie des hommes de théâtre,
comédiens, poètes ou directeurs, a été longtemps si tourmentée, si en dehors des mœurs
communes, que les légendes de ces existences
nomades forment presque un genre de littérature à part. A ce genre artificiel, sans doute,
mais où l'on rencontre parfois de l'original et
de l'imprévu, se rattachent, côte à côte avec le
Roman comique et les Aventures de Dassoucy,
les Mémoires que Monnet put intituler avec
raison Supplément au Roman comique.*

*Chez Monnet, comme chez Scarron et Das-
soucy, la place d'honneur est à ces éternels incidents d'hôtelleries, de châteaux et d'abbayes,
à ces inépuisables et faciles histoires de moines*

ventrus et de chambrières dodues, qui émaillent
les autobiographies des comédiens d'autrefois :
comédiens malgré eux ! ceux-là, et par desti-
nation : sur le grand chemin comme sur les
planches, forcés de jouer constamment un rôle,
d'esquisser perpétuellement une grimace, se roi-
dissant contre une condition désavantageuse,
et surmontant la puissance des préjugés par la
victorieuse action de leur gaieté.

L'art du comédien n'étant point considéré
comme un métier régulier, toute troupe en
voyage côtoyait de près l'état de vagabondage,
et se heurtait à chaque détour de la route à
l'intolérance des lois; et cela, sans raison morale bien définie, mais seulement en mémoire
de quelque poudreux article de concile, rédigé
par un théologien pudibond. Et puis, l'annonce
d'une représentation théâtrale n'attirait pas
toujours assez de monde pour subvenir aux
frais de la société : il fallait bien sortir du
programme. C'est alors qu'on se laissait
aller jusqu'à dire la bonne aventure, à faire
de la divination, à pronostiquer ; on passait

bientôt pour gens de Bohême ou d'Egypte, et
les édits royaux ne parlaient de rien moins
que de roue, de hache ou de hart.

Pas plus que leurs subordonnés, les chefs de
troupe ne trouvaient grâce devant ce farouche
ostracisme. Ils n'étaient point, comme aujour-
d'hui, des banquiers à qui les artistes appor-
tent en dépôt le capital de leurs talents. Ils
mêlaient leur aile à ce grand vol de moineaux
francs qui s'abattait dans les granges de nos
bourgs cossus, logeant et mangeant chez l'ha-
bitant, sans songer à ce magnifique étalage de
cravates blanches connu sous le nom de Société
des artistes dramatiques, et peuplé de prési-
dents, de syndics, de commissaires, voire de
trésoriers, avec des bureaux élus et renou
velés selon d'inéluctables statuts.

Mais quel est l'astringent assez fort pour
contenir le levain de la satire gauloise ?

Il n'a pas fallu moins de trois siècles aux
gens de théâtre pour conquérir la place qu'ils
occupent aujourd'hui dans le monde : aussi les

directeurs des principales scènes de ce temps
éprouveraient-ils quelque peine à reconnaître
un ancêtre dans leur confrère Jean Monnet,
directeur de l'Opéra-Comique au siècle dernier. Rien n'est plus réel, néanmoins, que cette
parenté. Pourquoi certains d'entre eux ne dé-
ploient-ils pas toujours, à une époque où bien
des difficultés se sont aplanies pour eux,
l'énergie et l'intelligence avec lesquelles Monnet
combattait les obstacles que lui suscitait l'an-
tique préjugé ?

C'était vraiment un homme fort ingénieux
que ce Monnet, plein de ressources et d'invention, et servi par un merveilleux instinct des
choses de sa profession ; un esprit bien français, actif, éveillé, très respectueux des goûts
de ses clients, et sachant cependant leur faire
partager le plaisir qu'il ressentait lui-même à
la nouveauté.

Monnet est un trait d'union entre l'entrepreneur de spectacles et Monsieur le directeur.

Par l'importance et la variété de ses entre-

prises, il a rehaussé la dignité du métier.
Son nom est inséparable du mouvement
artistique du dix-huitième siècle : celui qui en
fait l'histoire doit compter avec cette personnalité.

Voilà pour le directeur, mais le singulier
homme privé ! Quelle furieuse poursuite d'émo-
tions et quelle soif d'aventures ! Certes, le code
galant n'aurait rien à perdre à se retremper
dans le curieux livre intitulé Supplément
au Roman comique, ou Mémoires pour servir
à la vie de Jean Monnet, ci-devant directeur de
l'Opéra-Comique à Paris, de l'Opéra de Lyon
et d'une Comédie-Française à Londres, écrits
par lui-même.

La lecture de ces Mémoires est attrayante,
le style en est simple et d'ailleurs assez négligé ;
mais il se relève d'une pointe de naïveté mali-
cieuse et de résignation philosophique qui lui
prêtent un certain charme. C'est là surtout
qu'il faut étudier cette spirituelle physio-
nomie.

Les directeurs d'à présent manquent de cette

robuste franchise : ils ne se confesseraient
point au public avec tant d'abandon. Avec
quelle peine ne se figure-t-on pas M. de Vau-
corbeil ou M. Charles de la Rounat en proie
au tracas d'un coche embourbé, ou lutinant, à
la nuitée, les tendrons sacrifiés à leur concu-
piscence par une hôtesse aguerrie !

Vous vous rappellerez donc, Messieurs les
impresarii, du fond de vos cabinets capi-
tonnés, qu'il s'est écoulé plus de cent ans entre
le beau temps de Monnet et le vôtre, et que cet
intervalle, décuplé d'un seul coup par l'aboli-
tion des privilèges, a singulièrement assaini
l'atmosphère sociale que vous respirez aujour-
d'hui.

Vous ferez la part de cette inégalité de con-
dition inscrite au passif de mon héros, et vous
n'en aurez pour lui que plus de considération.
Quoi que vous pensiez de Monnet, vous lui
devez le salut. Il vous touche dans l'épaisseur
de votre dignité par plus d'un point délicat.

Si vous voulez bien renouer avec moi le fil de son roman, vous retrouverez en lui comme un amalgame prématuré d'Harel, de Lireux, de Mabille et de Barnum, et peut-être serez-vous forcés de convenir que vous n'avez rien inventé, pas même la faillite.

A RTHUR H EULHARD.

Jean Monnet

I

Naissance et éducation de Monnet.   Son séjour chez la
duchesse de Berry. — Orages de jeunesse.

E suis né, dit Monnet, au
commencement de ses *Mé-
moires*, à Condrieu, petite ville
située sur les bords du Rhône,
dans le Lyonnais, d'une famille honnête, mais peu fa-
vorisée de la fortune *. Orphelin à l'âge de

* Le document que voici lève le voile qu'a tiré Monnet
sur la date reculée de sa naissance et la condition modeste

huit ans, je restai chez un oncle jusqu'à quinze.
Cet oncle, par la gaieté et la singularité de son
esprit, était le *Rabelais* de son canton. Moins
occupé de mon éducation que de ses plaisirs, à
peine m'avait-il fait apprendre à lire, quand un
de mes compatriotes, fils d'un gros négociant,
m'amena à Paris pour me placer chez feu madame la duchesse de Berry. Là, par le petit mérite
que j'avais alors d'imiter et de contrefaire parfai-
tement la voix et les gestes de tous ceux que je
voyais, je m'attirai en très peu de temps les bontés
de cette princesse. » Ce sont les seuls détails qui
nous aient été conservés sur l'enfance de Monnet.
On remarquera qu'ils ne nous apprennent point en

de ses parents : « Jean Monnet, né le septième septembre
mil sept cent et trois, fils de Jacques Monnet, bolanger de
Condrieu, et de Louise Bonnardel, ses père et mère, a esté
baptisé le huictième du dict mois et an que dessus dans
l'église de Condrieu, par moy vicaire soubsigné. Son parrain
a esté Jean Bonnardel, grand père de l'enfant, cordonnier,
sa marraine Françoise Dambuyen, en présence de Michel
Duche et de Joseph Thonnerieu qui ont signé.

Signé : « Thonnerieu, Duche; Mouton, vicaire. »

Extrait des registres de l'état civil de la ville de Condrieu
(Rhône), folio 215.

Le nom de Monnet a été très souvent écrit, imprimé et
réimprimé avec une seule *n*. Sa signature, relevée au bas
des quittances qu'il a délivrées à la municipalité lyonnaise,
en porte constamment deux. Cette corruption orthogra-
phique est née du jeu de mots latin qu'on en a fait plus
tard.

quelle qualité il entra au service de la duchesse
de Berry. L'emploi, vu l'ignorance du titulaire, ne
devait pas être bien brillant. Quoi qu'il en ait été,
la protection de la duchesse, à la faveur de laquelle
il fit son éducation, lui manqua soudain. La mort
de sa bienfaitrice, survenue en juillet 1719, le
rendit à la liberté, tout en le jetant dans les
secousses de la vie d'intrigues.

Monnet avait environ seize ans. En vrai Français du dix-huitième siècle, il cuidait bonnement
que l'amour a sa gymnastique, et que, l'illusion
perdue, le cœur peut encore se refaire par l'exercice. Entreprenant donc, et toujours poussé par
quelque diable, doué d'un physique avantageux,
maniant fort agréablement l'épée contre les jaloux
et le violon contre les belles, la tête ornée de toute
la poésie badine du temps, Monnet débuta dans le
rôle ingrat de galant avec toutes les armes de
l'emploi. Il aborda le monde assez heureusement
par la conquête de la veuve d'un officier : il est de
ces hasards ! Le lecteur peut se reporter aux premiers chapitres de ses Mémoires pour se former
une idée exacte de l'esprit de suite avec lequel
Monnet menait une affaire d'amour. Toutefois,
l'organisation qui y présidait, si parfaite qu'elle
fût, ne suffit pas toujours à le garer des incidents
fâcheux, qui sont : fuites précipitées par les
fenêtres et autres huis, explications aigres avec les
pères et les mères, interrogatoires scandaleux des

commissaires de quartiers, toutes fins brutales et discourtoises des amours défendues.

Rien ne lui fit défaut en matière de romanesque, pas même la résolution passagère d'entrer à la Trappe, sous prétexte de corriger la nature. Mais, hélas ! le cœur ne se cloître pas. Le mariage, ce grand émollient, ne le guérit point non plus de son penchant pour le sexe faible ; il est bon d'ajouter que le mariage était mauvais, ce qui rend Monnet excusable. Peut-être m'objectera-t-on qu'il ne l'était point de s'être marié, mais ceci fait partie d'une théorie différente, dont les gens du métier sont les auteurs, et qu'il ne convient qu'à eux d'apprécier.

C'est de l'année 1743 que date l'affection de Monnet pour le théâtre, affection qu'il paya de plus d'une faillite, mais qui nous valut notre premier Opéra-Comique français. Auparavant, Monnet avait essayé de divers passe-temps, postes et charges. Il avait été déjà bibliothécaire, éditeur, voire auteur de plusieurs publications, dont la bibliographie, en cela d'accord avec Monnet, ne nous a pas transmis les titres. Il est à regretter qu'il ait passé sous silence cette période de ses travaux littéraires pour y substituer des anecdotes grivoises à l'imitation du Pogge. Les ouvrages écrits par Monnet ont-ils été publiés sous le masque de l'anonyme, ou sont-ils enfouis dans quelque volumineux recueil d'Académie ? Il n'en

est bruit nulle part, et Quérard est muet; je n'ai
découvert, dans mes recherches, aucun document
qui y eût trait, et je confesse humblement un
grand dépit de fureteur *.

Cependant la prison étant une station bien
connue de quiconque tenait librement la plume,
je n'avais pas perdu l'espoir d'y retrouver la trace
de Monnet. Notre homme a gémi dans les geôles

---

* Quelques bibliographes attribuent à Monnet une part
de collaboration à l'opuscule peu commun de Meunier de
Querlon, intitulé : *Les Soupers de Daphné et les Dortoirs de
Lacédémone*. Anecdotes grecques ou fragments historiques
publiés pour la première fois et traduits sur la version
arabe imprimée à Constantinople, l'An de l'Hégire 1110 et
de notre Ère 1731. A Oxfort (Paris), 1740. In-8, 96 pages.

La *Biographie universelle*, de Michaud, dit, à l'article
« Meunier de Querlon », que celui-ci composa *les Soupers
de Daphné* sur les notes de Monnet.

Dans ses *Mélanges extraits d'une petite bibliothèque*
(Paris, Crapelet, 1829), Charles Nodier a donné la clef de
ce *pamphlet* mythologique, d'après celle qui se trouvait à
son exemplaire. « M. Barbier, dit-il, nous apprend que ce
livre est une satire sur les soupers de Marly ou sur ceux que
Samuel Bernard donnait à Passy; il est évident que c'est
de Marly qu'il est question, puisque l'auteur dit positive-
ment, p. 11, que Daphné est à cinq milles d'Antioche, qui
signifie Paris : ce qui ne saurait se rapporter à Passy.
M. Barbier ajoute que Querlon la composa en trois jours,
sur des anecdotes fournies par Moret, qui fit imprimer
l'ouvrage à ses frais. Au lieu de Moret, qui n'est pas connu,
M. Brunet écrit J. Monnet, leçon qui me paraît préférable à
l'autre : ce J. Monnet est probablement l'éditeur de l'*Anthologie*. » Nodier traite avec sévérité ce « tissu de fadeurs »,
et non sans raison.

de l'Etat, comme il appert de cette note arrachée à un vieux grimoire et qui donne à penser au moraliste :

ANNÉE 1711.

Auteurs de mauvais ouvrages, vers et chansons infâmes. Nouvellistes à la main.

Le sieur de Beaufort, ancien lieutenant d'infanterie, détenu au fort l'Évêque par ordre du Roy.

Le sieur Monnet, détenu au fort l'Évêque, par ordre du Roy.

Tous ses papiers consistent en manuscrits, contenant des comédies, vers et chansons infâmes, et un petit livre qui a pour titre : *Les Annales amusantes, ou Mémoires pour servir à l'histoire des amusements de la Nation en tout genre.*

Le Commissaire de l'Épinay,
Perrault, Lieutenant de la Prévosté Générale des Monnoyes.

Bibliothèque nationale. *Ms. Nouvelles acquisitions françaises.* — N° 1891. Registre de la Bastille de 1660 à 1789. Les Minutes du Commissaire de l'Épinay manquent aux Archives.

II

Monnet, directeur de l'Opéra-Comique pour la première fois (1743). — Ses succès. — Suppression de l'Opéra-Comique (1744).

'OPÉRA-COMIQUE agonisait, lorsque Monnet en enleva le privilège au sieur Pontau, au mois de mars 1743, Monnet héritait d'une série de directions qui avaient à peu près ruiné ses prédécesseurs Honoré, de Vienne, et Pontau, mais rien ne le rebutait *. Ce fut donc lui qui se chargea de

* Dans son livre sur *les Spectacles forains et la Comédie-Française* (Dentu, 1875), M. Jules Bonnassies nous conte les misères du pauvre P. n au, prédécesseur de Monnet : « Le 19 mai 1738, il se trouve redevable envers Thuret (directeur de l'Opéra) de 7,596 l. 5 s.; celui-ci lui accorde deux ans pour payer. Par un compte du 8 avril 1740, sa

réparer le désarroi de l'Opéra-Comique, rude
besogne que voici décrite au chapitre VII de ses
Mémoires : « Le sieur Pontau, alors possesseur
du privilège, homme d'esprit, mais foible et peu
propre aux détails d'une pareille direction, avoit
laissé tomber ce spectacle dans un si grand avilis-
sement, qu'il en avoit absolument éloigné la bonne
compagnie. La livrée y étoit en possession du
parterre ; elle décidoit des pièces, siffloit les
acteurs et quelquefois même ses maîtres, quand
ils s'avançoient trop sur le devant de la scène.
Les loges des actrices étoient ouvertes à tout le
monde ; la salle, le théâtre étoient construits à
peu près comme les loges des baladins de la foire
Saint-Ovide ; la garde s'y faisoit par un officier de
robe courte ; l'orchestre étoit composé par des gens
qui jouoient aux noces et aux guinguettes ; la
plupart des danseurs figuroient avec des bas noirs
et des culottes de drap de couleur ; rien, en un
mot, n'étoit si négligé, si sale, si dégoûtant même

dette se monte à la somme de 20,546 l. 5 s., sur laquelle
Thuret lui remet 3,000 l. Par un autre compte du 11
octobre 1742, à 55,546 l. 5 s., sur lesquelles Thuret lui en
remet 10,000. Après la foire Saint-Germain de 1743, elle
remonte à 53,046 l. 5 s. Thuret le fait alors saisir. Pontau
soulève mille difficultés pour empêcher la vente; nous
ignorons si elle eut lieu. Le 28 mars 1743, Thuret passe,
moyennant redevance annuelle de 12,000 l., un bail de six
ans à Monnet, qui est mis en possession de la loge de Pontau,
en vertu d'un ordre du roi. »

que les accessoires de ce spectacle. » Monnet commença par consigner, de par le roi, messieurs les laquais à la porte, fit passer l'architecte et les décorateurs dans la salle, épura et renouvela sa troupe, et prit la route de Rouen d'où il ramena Préville, le meilleur comique du temps. L'ouverture de la foire Saint-Laurent eut lieu le 8 juin 1743, avec *le Coq du Village*, de Favart. En deux mois, Monnet avait transformé tous les éléments de l'Opéra-Comique, réuni un excellent orchestre conduit par Rameau, un personnel de comédie qui a fourni des sujets remarquables à la Comédie-Française, plus un corps de ballet où ne dédaignait pas de puiser l'Opéra. Les costumes et les décors avaient été commandés à Boucher. Bref, la foire Saint-Laurent de 1743 attira chez Monnet un nombreux public qui le suivit à la foire Saint-Germain *. Cette saison témoigna si haut de ses capacités que la direction de l'Opéra lui fut offerte par M. Thuret, titulaire du privilège.

Il revient à Favart une bonne part dans ce regain de vogue. C'est lui qui a fait à Monnet son éduca-

---

* « L'Opéra-Comique eut un succès étonnant dès la première Foire, et cela dans les circonstances les plus critiques, qui étoient le brillant début de mademoiselle Clairon à la Comédie-Françoise, la nouveauté des Artificiers italiens, le concours qu'un Opéra nouveau s'attiroit, le vuide que produisoit la Guerre, et les grandes chaleurs de la saison : car j'avois tout cela contre moi. » (*Mémoire pour le sieur Monnet*, signé : Monnet, pet. in-4. Aux Archives de l'Opéra.

tion de directeur de spectacle; il était comme le
moniteur spirituel de l'Opéra-Comique : moyennant 2,000 livres annuelles, outre ses droits d'auteur, il s'était engagé envers Monnet à remettre à
la scène, accommodées au goût nouveau, les anciennes pièces du répertoire de la foire : il retou
chait les canevas, veillait aux répétitions et faisait
office de régisseur.

Bref, les recettes grossissant au delà des vœux de
messieurs de la Comédie-Française, on jura la
ruine de l'Opéra-Comique, et la clôture de la foire
Saint-Germain de 1744 fut décidée avant terme *.

---

* Elle se fit par une représentation d'*Acajou*, opéra-
comique en trois actes, de Favart, au milieu d'un tumulte
indescriptible. L'affluence y était si considérable que la bar-
rière qui séparait l'orchestre du parterre se brisa : « Pour la
raccommoder on fut obligé de faire sortir hors de la salle
toutes les personnes qui remplissoient le parterre. Mais ce
fut en vain. Le monde qui étoit sur le Théâtre y descendit
pour faire place à de nouveaux spectateurs qui comblèrent
entièrement le lieu de la scène. Il n'avoit pas été possible
dans cette confusion de rendre l'argent à ceux qu'on avoit
fait sortir. Plusieurs l'exigeoient avec menaces. Six des plus
mutins furent arrêtés. M. Monnet se comporta en cette occasion avec beaucoup de prudence. Il fit relâcher ceux que l'on
avoit mis au corps de garde, il paya les mécontens d'une
harangue moitié plaisante, moitié pathétique qui lui concilia
tous les esprits. Jamais représentation n'avoit été si lucra-
tive, toutes les places étoient à six francs, et le Théâtre
étoit si rempli qu'il n'y pouvoit paroître qu'un acteur à la
fois. Il n'y eut point de symphonie, point de ballets; on
n'entendit rien, pas même le compliment; on applaudit

Les *Romains* (l'ennemi héréditaire) avaient été
piqués au vif d'une parodie que l'acteur Térodac
(Cadoret retourné) faisait de leur déclamation,
dans l'*Acajou* de Favart. L'auteur obtint un sursis
d'un mois; au nom des syndics et marchands de
la foire, il adressa au roi la supplique qui finissait
ainsi : « Les supplians, prosternés aux pieds de
Sa Majesté, osent lui représenter très humblement que, par les engagemens qu'ils ont con-
tractés avant qu'ils fussent informés de la réduction de la foire, et par les pluies continuelles qui
en ont écarté le public, ils seront plongés dans
la dernière misère, si la foire n'est prolongée au
moins pour cette année jusqu'à la fin du présent
mois, comme elle l'a toujours été depuis plus de
vingt ans.

> « *Que votre bonté nous seconde :*
> « *Par pitié, Sire, exaucez-nous !*
> « *Et vous ferez du bien à tous.*
> « *Car nous devons à tout le monde.* »

Monnet se repentit d'avoir refusé l'Opéra. Il
organisait la foire Saint-Laurent de 1744, lorsque
le sieur Berger, successeur de Thuret à l'Opéra,
fit résilier le bail de l'Opéra-Comique, par arrêt
du Conseil du 1er juin, et congédia Monnet,

beaucoup, et tout le monde se retira satisfait, moins cependant que l'entrepreneur. »
    (*Mercure de France*, février 1770, p. 195.)

auquel il se substitua, sans lui allouer les dommages et intérêts qui lui revenaient pour avances à son personnel. Il ne le remboursa même pas du prix de son magasin qui lui avait coûté plus de 15,000 livres et qu'une estimation du sieur Perronet, tailleur de l'Opéra, avait réduit à 4,000 livres. Ces spoliations par privilège étaient fort communes au dernier siècle.

III

Monnet directeur des spectacles de Lyon (1745-1746). — Il
y fonde un Opéra. — Sa tournée à Dijon. — Le Consulat
lyonnais. — Procès avec la Duval. — Le Concert spirituel. — Insuccès de son entreprise.

E duc de Villeroi tira Monnet de
cette déconfiture imméritée, en
lui procurant la direction des
spectacles de Lyon. Cette ville
réclamait depuis longtemps
l'installation d'un Opéra dont le
privilège fut accordé à Monnet, moyennant une
redevance annuelle de 1,200 livres à l'Opéra de
Paris.

Le 15 décembre 1745, l'Opéra de Lyon ouvrait
ses portes aux habitants émerveillés de tant d'activité. Les Lyonnais entendirent ce jour-là *Pyrame*

et Thisbé, de la Serre pour les paroles, et Rebel et Francœur pour la musique. Ils se retirèrent satisfaits *.

Bien que le théâtre de Lyon ne possède ni bibliothèque ni dossiers manuscrits, nous avons pu recueillir des documents précis sur le séjour qu'y fit Monnet **. En 1786, à l'occasion de la direction de la demoiselle Destouches qui était vivement pressée par ses créanciers, le Consulat lyonnais, composé du prévôt des marchands et des échevins, mit à l'étude la réorganisation des spectacles. Le mémoire qui fut rédigé sur la matière est conservé aux Archives de la ville, sous le titre de *Projet pour l'établissement des spectacles de Lyon*. On y lit en substance que, jusqu'à Collot

---

* Le duc de Villeroi, qui était gouverneur de la ville, paraît avoir assisté à l'installation de son protégé. Nous savons que, pour célébrer la présence du duc à Lyon, au mois de décembre 1745, l'artificier Villard tira deux feux d'artifice au théâtre, et que le Consulat donna 600 livres de gratification à un sieur Lefebvre (*sic*) et à sa sœur, pour différentes représentations de gala dans lesquelles ils avaient dansé. Ce Lefèvre était sans doute l'ancien danseur de la Comédie-Italienne, le père de cette Rose Lefèvre, qui devint madame Dugazon.

** Grâces en soient rendues à M. Brouchoud, avocat à la cour de Lyon, docteur en droit, auteur de recherches extrêmement curieuses sur le séjour de Molière à Lyon, publiées chez Perrin. M. Brouchoud est très versé dans les choses du théâtre. C'est un érudit de la bonne école, dont l'obligeance est inépuisable, comme le savoir.

d'Herbois, la plupart des directeurs n'ont abouti qu'à la faillite. Laissons de côté les considérations administratives invoquées par l'auteur de ce mémoire en faveur de la décentralisation lyrique, pour n'en garder que ce qui touche à la tentative de Monnet :

« Au sieur Maillefer succéda le sieur Monnet qui, n'ayant pu obtenir le privilège de cette ville que sous la condition d'y établir un Opéra, et ayant bien prévu que ce spectacle seul ne pouvoit pas satisfaire le goût général, jugea à propos, pour mettre de la variété dans le sien, de joindre aux acteurs qu'il avoit engagés pour le chant, six à sept bons sujets pour jouer alternativement avec l'opéra, des comédies et des opéras-comiques. Cet arrangement eût sans doute été le plus convenable en supprimant dans la suite un peu de la dépense de l'Opéra qui étoit trop forte. Mais M. Devarax, pour lors prévôt des marchands de cette ville, qui n'avoit ni le goût du spectacle, ni apparemment assez bonne opinion des talens du nouveau directeur pour entrer dans ses vues, le priva de sa direction pour la remettre entre les mains d'un acteur, sous les ordres de M. Breton, dont l'état ni le génie n'annonçoient pas les qualités convenables dans une pareille entreprise [*]. »

---

[*] Au temps de Monnet, le théâtre était situé dans un ancien jeu de paume, au levant du théâtre actuel et à l'angle du quai du Rhône, en face le pont Morand. En 1754, il tombait en ruine : on le vendit, pour en construire un nouveau, d'après les dessins de Soufflot, dans l'ancien jardin de l'Hôtel-de-Ville, sur l'emplacement du théâtre actuel. Il fut achevé en 1756.

On voit par là qu'outre les difficultés maté-
rielles qui s'opposaient au succès de l'entreprise
de Monnet, le mauvais vouloir du prévôt Devarax
lui en créait de nouvelles. Les prévôts des marchands de Lyon, qui étaient en quelque sorte
chefs de la municipalité, exerçaient sur les
spectacles une influence souveraine *. Les directeurs succombaient avec eux. Monnet avait été

* Le Consulat lyonnais accordait au directeur des spectacles une subvention de 2,500 livres par semestre. Cet
article de dépense figure régulièrement dans tous les livres
des receveurs des deniers communs, dons et octrois de
Lyon, depuis 1742 jusqu'en 1754, époque à laquelle fut
démolie la salle occupée par Monnet.

Ce n'est pas tout. Chaque fois que le Consulat se rendait
au spectacle, il y déposait, à titre de gratification, cinq louis
d'or, au compte de la Ville, qui, d'ailleurs, acquittait toutes
les dépenses faites par les échevins en corps. De plus, il
autorisait des loteries au théâtre. Des quittances, relevées
sur les Registres du receveur-payeur des deniers communs,
en font foi :

— « 21 juin 1746, à M. Monet, 120 livres.

« J'ai reçu de M. Nicolau la somme de 120 livres que
MM. du Consulat m'ont accordées pour gratification à la
représentation de *Pirame et Thisbé*, donnée aujourd'hui par
l'Académie royale de Musique. A Lyon, ce 21 juin 1746. »
Signé : Monnet.

— « 16 mai 1746, à M. Monet (*sic*), 708 livres.

« MM. du Consulat ayant délibéré pour parfaire la loterie
des spectacles qui a été tirée à 600 billets, d'en prendre
pour leur compte 59. qui, à 12 l. la pièce, montent à 708 l.,
M. Nicolau passera ladite somme de 708 l. dans les comptes
de la Ville. A Lyon, le 16 mai 1746. Signé : Riverieulx de
Varax. » (*Archives lyonnaises.*)

très protégé par le prédécesseur de M. Devarax, Jacques-Annibal Claret de la Tourette de Fleurieu, son compatriote, homme d'esprit et de sens, qui a laissé des Mémoires nombreux sur l'histoire, la critique et le théâtre : « Ce fut lui qui donna à M. Monnet cette énergique inscription en trois mots latins gravés sur la toile, exprimant les trois genres de spectacle que donnait son théâtre : « *Movet, mulcet, monet ;* il émeut, il charme, il instruit, » inscription d'autant plus heureuse, que le troisième mot latin se trouvait être en même temps le nom du directeur *.

Vers l'été de 1746, le niveau de la caisse baissant, Monnet prit avec lui ses deux troupes de comédie et d'opéra-comique, et s'en fut exploiter le répertoire à Dijon, laissant ses chanteurs et son orchestre à Lyon **.

A Dijon, il eut du succès. Il y donna des concerts et des feux d'artifice qui réussirent, d'après ses Mémoires, « par le talent de plusieurs symphonistes... et par l'intelligence d'un Artificier Italien que le hazard avoit amené à Dijon ». Préville, Belcourt, Fierville et mademoiselle B.... (la Beauménars ?) faisaient merveille dans le répertoire.

Dans l'intervalle, l'Opéra de Lyon, malgré les

---

* *Éloge manuscrit de M. de Fleurieu*, par le chevalier Bory, de l'Académie de Lyon, en 1777.

** Les états des pensionnaires de la troupe d'opéra, conservés aux Archives lyonnaises, ne nous en font connaître le personnel qu'à partir de 1772 seulement.

subsides extraordinaires du Consulat, allait de mal en pis. Dès son retour, Monnet en obtint la suppression, conservant seulement le privilège de l'Opéra-Comique et de la Comédie. A ce jeu d'opéra, qui avait duré environ un an, il s'était endetté de 35,000 livres. Sa galante devise s'était assombrie. « *Flet, tædet, pœnitet,* dira son avocat tout à l'heure. *Il pleure, il s'ennuie, il se repent.* » En homme d'honneur, il assembla ses créanciers, leur exposa la situation, et les fit souscrire à un arrangement par lequel il leur cédait toutes ses recettes, et, par surcroît de garantie, le magasin acheté du sieur Maillefer 18,000 livres sur lesquelles il ne devait plus que 3,000 livres. Acteurs et actrices, fournisseurs et commanditaires, tous signèrent, à l'exception de la Duval, ancienne chanteuse de l'Opéra de Paris, sœur de celle qu'on avait surnommée *la Constitution :* d'où le procès, qui a donné lieu au mémoire inséré dans le *Recueil A-Z* [*], sous le titre de : *Plaidoyé pour le sieur Monnet, Directeur des spectacles à Lyon, Défendeur et Demandeur en révocation de saisie; contre la demoiselle Duval, ci-devant Actrice de l'Opéra, demanderesse.*

Cette demoiselle Duval venait du Concert de Grenoble : elle avait été engagée par Monnet, pour

[*] *Recueil A-Z.* Paris, 1760. 24 vol. in-12. — *Recueil G,* p. 220 et suiv.

doubler ou créer les rôles de déesses et princesses
dans l'Opéra, pour jouer au besoin la comédie et
l'opéra-comique, et chanter aux concerts spirituels, moyennant 1,200 livres par an d'appointements fixes, plus une gratification de 300 livres
à la fin de l'année. Or elle n'avait joué ni l'opéra
comique ni la comédie, et n'avait paru que dix-
huit fois en douze mois, savoir six fois dans l'acte
de *Vertumne et Pomone,* trois dans le prologue
des *Fêtes Grecques et Romaines,* quatre dans
Zelindor, deux dans *Médée et Jason,* et trois dans
Issé; pour comble, elle était visiblement sous
l'empire de Lucine. Monnet lui avait payé 1,131
livres, et offrait la différence, moins les 300 livres
de gratification, vu les attaches terrestres de sa
déesse, dont le prestige n'augmentait pas en pro-
portion de la taille. « Il suffit qu'elle n'ait pu
jouer, par un fait qui lui est aussi personnel que
notoire, pour qu'elle soit privée de ses appointemens et de la gratification : aussi le sieur Monnet
a toujours eu grand soin de s'assurer pour l'avenir,
en restant toujours débiteur de plus de 300 livres ;
d'ailleurs outre les égards et décences que le
public mérite, le parterre le plus indulgent auroit
crié *haro!* contre le Directeur, qui auroit exposé
à ses yeux une déesse aussi humanisée ; car c'est
encore un fait consacré par la voix publique, la
demoiselle Duval fille n'avoit pas beaucoup de
voix; devenue mère, elle n'a pas augmenté;

enfin l'amour-propre a fait sa charge, elle a
dit plus d'une fois au Directeur qu'elle ne pouvoit
représenter ; convaincue que cet obstacle provenoit
de son fait personnel, elle craignoit cette arme
meurtrière que le public porte toujours avec lui,
et dont il se sert sans miséricorde contre les
Actrices qui lui déplaisent. » C'est dans ces
conditions défavorables pour sa cause que la
Duval avait assigné Monnet à la Cour de Lyon en
paiement de 375 livres tant pour gratification que
pour solde d'appointements ; et qu'elle avait fait
saisir les recettes des Concerts spirituels.

L'avocat de Monnet, peut-être Monnet lui-
même, s'en donne à cœur-joie sur le cas de cette
demoiselle.

L'affaire n'alla pas jusqu'aux juges, et les parties
se concilièrent chez l'avocat, la Duval s'étant dé-
sistée de ses prétentions à la gratification. L'im-
pression du plaidoyer fut même arrêtée : comment
est-il parvenu quinze ans plus tard aux auteurs
du Recueil A-Z ? Monnet en aura communiqué
l'épreuve à son ami M. de Querlon, l'un des collaborateurs actifs de ce recueil, et qui lui fit la préface de son *Anthologie*.

Cette campagne de Lyon établit clairement
qu'un Opéra sur le modèle de celui de Paris ne
pouvait se maintenir en province.

Il est constant, toutefois, que les délibérations
du Consulat tendaient au développement de la mu-

sique à Lyon. Au temps de Monnet, la Ville possédait une Académie des Beaux-Arts, dont la
bibliothèque musicale était la plus complète qu'on
connût alors *, et un Concert spirituel, à l'instar
de celui de Paris, qui avait pour directrice Marie-
Françoise Sélim, chanteuse très prisée des Lyonnais **. Ce concert, placé sous le protectorat de
Monnet, dépendait de son privilège. Françoise
Sélim, avec mesdames Leclerc et Dujardini, toutes
trois de l'Opéra, en étaient les étoiles.

L'affaire ne fut pas heureuse pour Monnet, qui
dut abandonner la partie, après des arrangements
fort honorables, et rentrer à Paris, où l'attirait
d'ailleurs la vacance de la direction de l'Opéra.
Autre déception ! notre homme fut évincé.

* Elle est aujourd'hui à la Bibliothèque du Palais Saint-
Pierre.
** — « 17 avril 1746. A mademoiselle Sélim, 120 l.
« Nous soussigné, demoiselle Sélim et Mathieu, directeurs
pour le Concert spirituel de cette ville, reconnoissent avoir
reçu de M. Nicolau la somme de 120 liv. pour gratification
qu'il a plu à MM. du Consulat de nous accorder. Lyon, ce
17 avril 1746. » Signé : Sélim, Mathieu Béloüar.

IV

Retour de Monnet à Paris (1747). — Les eaux de Passy. —
Mademoiselle Navarre.

'EST sur la fin de l'année 1746
ou au commencement de l'année
1747 que Monnet fit sa rentrée
à Paris, vivant toujours cette vie
coupée de plaisirs et d'affaires.
La maladie d'une dame qui lui
tenait au cœur et pour laquelle on avait ordonné
les eaux, l'avait obligé de louer un logement à
Passy. En ces temps, Passy était une station
thermale à la mode, et Monnet y passa la saison.
Dans une maison du lieu on jouait la comédie
bourgeoise. Monnet s'acquittait très proprement
d'un rôle : un jour, on lui donna comme parte.

naire mademoiselle de Navarre, et dès ce jour ils
se lièrent d'une amitié dont fait preuve la correspondance qui occupe une partie des Mémoires
de Monnet.

Mademoiselle de Navarre, qui devait mourir
marquise de Mirabeau par-devant notaire, était
la maîtresse du maréchal de Saxe.

C'était une manière de bas-bleu greffée sur une
nature de fille, comme le xviiie siècle en a beaucoup produit. Elle avait joué dans cette troupe
d'opéra-comique qui suivait le maréchal aux
camps, à ce spectacle volant où l'actrice en vogue
envoyait les officiers français à la victoire avec
cette simple annonce faite sur la scène :
« *Messieurs, demain, relâche au théâtre, à cause
de la bataille que donne M. le maréchal : après-
demain*, le Coq du Village *et les Amours grivois.* »

Pour mademoiselle de Navarre, la rencontre de
Monnet était une bonne fortune : elle se prit pour
lui d'une belle affection, l'associant à toutes les
folies de sa cervelle, à toutes les fantaisies de son
humeur. Il fallut que Monnet vînt demeurer chez
elle, dans sa famille, qui habitait alors Paris.
Quand le maréchal rappelait mademoiselle ou
qu'elle allait en voyage, Monnet gardait la maison
et veillait au jardin ainsi qu'à la ménagerie domes-
tique de son amie : pigeons, chat, perroquet et
chien. Il ne paraît pas pourtant que cette intimité
de vie ait dégénéré en complicité d'épiderme, et le

ton des lettres qu'ils échangent ne prête en rien à des suppositions malignes.

Monnet était un peu l'intendant de ses menus plaisirs. Marmontel le donne à entendre dans ses *Mémoires* :

« Dans ce tems de dissipation et d'étourdissement *, je vis un jour arriver chez moi un certain Monnet, qui depuis fut directeur de l'Opéra-Comique, et que je ne connoissois point. « Monsieur, me dit-il, je suis chargé auprès de vous « d'une commission, qui, je crois, ne vous déplaira point. N'avez-vous pas entendu parler de « mademoiselle Navarre ? » Je lui répondis que ce nom étoit nouveau pour moi : « C'est, poursuivit « Monnet, le prodige de notre siècle pour l'esprit « et pour la beauté. Elle vient de Bruxelles, où « elle fesoit l'ornement et les délices de la cour « du maréchal de Saxe : elle a vu *Denys le Tyran ;* « elle brûle d'envie d'en connoître l'auteur, et « m'envoie vous inviter à dîner aujourd'hui chez « elle. » Je m'y engageai sans peine. »

On peut voir dans Marmontel les suites de cette présentation : le pauvre homme tomba éperdument amoureux de son hôtesse ; il la suivit dans une pe-

---

* Quelque temps après la première représentation de *Denys le Tyran* (5 février 1748), qui fit de Marmontel un auteur et un homme recherchés.

tite terre qu'elle avait à Avenay, en Champagne,
où elle lui fit des scènes diaboliques.

Tout en s'amusant de la sorte, Monnet n'a pas
renoncé aux entreprises. Un jour le voilà qui
mande à son extravagante amie qu'il va passer en
Angleterre sous les auspices du prince de Galles,
pour établir une Comédie-Française à Londres.
La réponse de mademoiselle de Navarre est un
assez joli échantillon de son esprit taquin :

De Bruxelles... .

« Depuis que vous partez pour Londres, et que
vous croyez devenir un Baronet, un homme de conséquence, vous êtes d'une rareté qui m'annonce vos
futures grandeurs. Je sçais que vous êtes déjà un demi-
important ; vos amis ne vous voient plus ; vous vous
enfermez chez vous, pour avoir l'air de faire quelque
chose ; vous faites attendre dans votre antichambre ;
vous avez des Maîtres qui ne vous apprennent rien ;
vous vous montrez une minute à tous les spectacles ;
tout vous excède, tout est mauvais ; vous arrivez chez
vous bien fatigué ; toute votre journée s'est passée en
projets inutiles ; tous vos plaisirs se sont bornés à lor-
gner des femmes qui ne vous ont point aperçu, à louer
des vers que vous n'avez point entendus, à critiquer
une pièce dont vous n'avez vu que le dernier acte.
Enfin, mon cher Monnet, vous voilà un joli homme,
et par conséquent, le plus sot, le plus ridicule, le plus
ennuyeux, le plus ennuyé de tous les êtres. On m'a
écrit tout cela, et je n'en ai pas été fort surprise. Quand

je vous ai quitté, vous aviez déjà un fond de ridicule,
qui m'avoit préparée à cette métamorphose ; mais pourquoi prendre ce caractère à la veille de partir pour
Londres ? C'est bien mal choisir son tems pour devenir
petit maître. Il me semble qu'il faut se plier aux mœurs
des nations chez lesquelles on veut réussir, et que
c'est le seul moyen de leur plaire. Vous trouverez là
des *Jacques Rosbifs* qui ne sentiront point le prix de
vos gentillesses. Mais je quitte le ton de la plaisan-
terie ; je veux vous parler sérieusement de votre projet.
Je commence à le goûter par réflexion. Etc.... »

Voilà qui n'est vraiment pas mal dit.

V

Monnet, directeur d'une Comédie-Française à Londres(1749).
— Polémiques. — Cabales. — Tumultes au théâtre d'Haymarket. — Fermeture du théâtre. — Projet de *Comédie
ambulante* pour la France. — Monnet en prison. — Le
roi Théodore. — Mémoire explicatif et justificatif de
Monnet. — États de sa troupe et de sa gestion.

ᴇ 6 août 1748, Monnet s'embar-
quait sur le paquebot de Boulogne à Douvres. Il arrive à
Londres, sur la proposition d'un
certain Rich, directeur d'un
théâtre anglais dans cette ville.
Il s'agissait d'y fonder un spectacle français. Il
entre en pourparlers avec son confrère d'outre
Manche; mais, après quelques hésitations de la
part de ce dernier, il loue le théâtre de Hay-

market, ouvre une souscription qui fut bientôt couverte par les grands d'Angleterre, et revient à Paris employer ses fonds à rassembler les éléments d'une Comédie-Française, qui débuta le 13 novembre 1749.

« ..... Par une grâce qui n'a point d'exemple en Angleterre, le produit de ma souscription, qui montoit à six mille sept cent vingt livres, me fut confié pour faire venir mes acteurs, et leur faire les avances nécessaires. Cette somme reçue, je partis pour Paris au mois de juillet 1749, et toute ma troupe s'y rassembla. Comme ce fonds ne suffisoit pas pour les frais du voyage de Londres, et les autres dépenses qu'il entraînoit, je fus obligé de vendre à madame Boivin, marchande de musique, un fonds de pièces gravées qui me rapportoit huit cents livres par an. Ce secours me mit en état de partir pour la seconde fois de Paris le 30 septembre 1749, pour me rendre à Londres avec ma troupe... Le 13 novembre suivant, je fis l'ouverture de mon spectacle *. »

Une cabale formidable attendait les acteurs français : elle était provoquée par des pamphlets acérés et des libelles satiriques lancés contre le spectacle qu'avait annoncé Monnet, et soutenue par les comédiens de banlieue anglais qu'effrayait

---

* *Mémoire pour le sieur Monnet, ci-devant Directeur de l'Opéra-Comique, à Paris, depuis directeur des Spectacles de Lyon, et d'une Comédie à Londres*, signé : Monnet. Pet. in-4. Archives de l'Opéra. Déjà cité.

une concurrence étrangère, d'ailleurs vivement
protégée par la noblesse éclairée du pays. « Mais
le trouble vint de la part de gens qui, préjugés à
part, auroient dû le plus favoriser mon spectacle.
Une trentaine de brouillons, tous fils ou petits-fils
de réfugiés de France, par un effet de cette animosité
ou plutôt de cette haine implacable qu'ils ont
vouée à tous les François, avoient comploté
d'empêcher les représentations de ma comédie. »

Les gazettes se mirent de la partie : l'une d'elles,
le *Daily Advertiser*, ne craignit pas de dénoncer
le spectacle français comme une manœuvre politique renouvelée des Romains, lesquels travail-
laient à émousser et à corrompre les goûts de
leurs voisins avant d'en entreprendre la conquête.
Aucuns prétendaient qu'en France on avait refusé
à des comédiens anglais la concession d'un spectacle. Ces assertions furent relevées; un citoyen
de bon sens publia même un petit écrit intitulé :
AN IMPARTIAL STATE OF THE CASE OF THE FRENCH
COMEDIANS, ACTORS, PLAYERS OF STROLLERS, etc.,
c'est-à-dire : *Récit impartial de ce qui s'est passé
au sujet des comédiens français et des acteurs ou
comédiens de campagne anglais,* etc. Il fut démon-
tré que Monnet n'était point un foudre de guerre
dissimulé derrière un masque comique, et que les
pantomimes anglaises affichées jadis aux foires de
Paris par Francisque avaient eu de tout temps la
faveur du public. « Il est vrai, disait l'auteur,

qu'on n'a point permis à quelques acteurs anglois, mais tous, ou la plupart fils de réfugiés, la permission de jouer à Paris : mais ce n'est point parce qu'ils étoient anglois ; il y a de la mauvaise foi à le soutenir. On n'a refusé que la pièce qu'ils vouloient jouer, et cette pièce n'étoit autre qu'une *exécrable* traduction de l'*Opéra des Gueux* (BEGGAR'S OPERA) qui avait été sifflée même à Londres. Or, parce que le goût françois n'a pu s'accommoder d'une farce où il n'entre que des voleurs de grand chemin, des archers, des grisettes, et autres gens semblables, peut-on raisonnablement attribuer un pareil refus au préjugé national ? Si on eût refusé de jouer en France quelque pièce de Shakespeare ou d'Otway, on auroit pu citer cet exemple avec quelque ombre de raison. » Rien n'y fit.

Les ennemis de nos artistes s'inspirèrent de procédés sauvages, auprès desquels les cabales modernes ne nous paraissent plus que des fadeurs. Les premiers accords de l'orchestre furent interrompus violemment et refoulés au fond des instruments par l'explosion d'un choral britannique dont le refrain était : *Nous ne voulons pas de comédiens français.* On avait affiché *le Coq du Village* et *le Ballet des Pierrots.* Le lever du rideau fut salué par une bordée de sifflets stridente et prolongée, et le dialogue arrêté sur les lèvres de ses interprètes par un déluge croissant de projectiles barbares : une actrice fut frappée au sein de deux

chandelles allumées. Les seigneurs qui compo-
saient le parti français s'élancèrent dans l'amphithéâtre supérieur occupé par les mécontents,
tandis que des officiers se rangeaient, l'épée nue,
devant la scène. Une effroyable mêlée s'ensuivit :
les chandelles, les canifs, les plaques de fer, les
perruques humides de sueur et de sang tourbil-
lonnaient en grêle, aveuglant les combattants :
enfin la victoire resta aux champions de Monnet;
elle ne fut point si décisive pourtant qu'on n'ait
jugé utile au salut des comédiens de les faire recon-
duire, sous bonne escorte, jusqu'à leur domicile.

La seconde représentation ne le céda en rien à
son aînée pour le nombre et la qualité des horions.
Ce fut là qu'un certain brasseur, à la tête d'une
bande de bouchers, accomplit de véritables pro-
diges de pugilat et de pancrace pour la défense de
la troupe française. Monnet, qui envisage tout
sous son point de vue de prédilection, dit que
« les actrices s'étoient renfermées dans leurs loges
avec des officiers qui les rassuroient », propos qui
n'a rien en soi de déraisonnable. Cette épreuve se
conclut en sa faveur, et la troisième représentation
fut donnée sans encombre. La politique entrava
les suivantes et fut cause que Monnet dut fermer
Haymarket; à propos de l'élection d'un membre
du Parlement, on alla jusqu'à s'enquérir de l'opinion des candidats sur le fait des comédiens
français, et le concurrent de lord Trentham,

qu'on leur savait hostile, resta sur le carreau. Les
troubles menaçant de s'éterniser, le spectacle qui
leur servait de prétexte fut définitivement sup-
primé.

Je découvre, dans les *Lettres critiques* de Fréron, une narration émue des chaudes *journées
d'Haymarket,* qui lui est adressée de Londres par
l'acteur Desormes, homme d'esprit, et faisant joli-
ment les vers, dit Fréron, et qui avait été engagé
par Monnet : j'y relève une confession que j'ai
tout lieu de croire sincère. Monnet, avant de
s'embarquer pour cette expédition, avait plutôt
pris conseil de ses hautes protections dans le
pays, que des goûts dominants du public anglais,
élevé dans le culte de Molière par la noblesse
protestante que la révocation de l'édit de Nantes
avait forcée de se réfugier en Angleterre. Monnet
ne soupçonna sans doute pas qu'il avait à ménager,
dans ses programmes, la tradition de la haute
comédie de caractère.

« Depuis que je suis ici, écrit Desormes, j'ai eu
occasion de m'entretenir avec quelques Anglois
qui ont vu la France, sur les pièces que nous
devons leur jouer. Ils ne veulent que du Molière;
ils m'ont dit franchement qu'ils avoient bâillé à
Paris, à nos comédies modernes les plus goûtées.
Ils ont, disent-ils, beaucoup de difficulté à les
entendre, et quand ils les ont pénétrées, ils ne se
croient pas dédommagés de la peine qu'ils ont

prise. Ne seroit-ce pas, monsieur, que les comédies d'aujourd'hui sont trop fines, trop dénuées
d'action, et ne portent que sur quelques nuances
passagères affectées aux personnes du grand
monde : au lieu que Molière a peint des vices et
des ridicules généraux, qui conviennent à toutes
les nations et à tous les états. Il y a partout, et ici
autant qu'ailleurs, des Avares, des Misanthropes,
des Tartufes, des Précieuses, des Bourgeois gentils-
hommes, des Valets fourbes, des Fausses Agnès,
des Cocus imaginaires (beaucoup moins à la vérité
que de réels,) des Fâcheux, des Étourdis, et principalement des Médecins ignorans et bouffons. »

L'appréciation ne manque pas de justesse : il se
peut que Monnet n'ait pas fait, dans la composition de son spectacle, le choix qui convenait aux
mœurs faciles à froisser de la nation anglaise.

Ce qui est hors de doute, c'est que tout ce qui
venait de France avait le don de piquer de la taren-
tule de la curiosité les graves insulaires d'Albion.
En 1741, lors des figurations chorégraphiques de
mademoiselle Sallé à Londres, les *dilettanti* se dis-
putaient les places à des enchères exorbitantes, et
tiraient la lame du fourreau pour la moindre vétille.

Dans le *Mémoire* publié pendant son séjour à
Londres,* et qui est le premier jet des chapitres
I et II du tome second de ses *Mémoires,* Monnet

---

* En 1750, vers octobre. (*Lettres* de Fréron.)

témoigne de la gratitude aux grands seigneurs anglais qui le couvrirent de leur crédit. Il s'était également gagné l'affection du célèbre tragédien Garrick qui lui abandonnait un bénéfice proportion-
nel aux recettes de son théâtre ; cette délicate inter-
prétation de la confraternité artistique resserra plus
étroitement encore les liens qui les unissaient, et
nous savons que Monnet, rentré en France, ne
cessa de correspondre avec son généreux ami.

La désastreuse liquidation où la clôture d'Haymarket l'avait entraîné retenait Monnet à Londres ;
ses acteurs, les plus impitoyables de ses créanciers, exigeaient, pour quatre représentations, la
totalité de leurs appointements. Ce passif était
gros, et la loi plus forte que ses protecteurs. Pour
parer à son déficit, Monnet se flattait d'obtenir une
indemnité du ministère ou une gratification de la
Cour, sans quoi il aurait quitté Londres sur-le-
champ, et risqué d'occuper sa troupe soit en
Hollande soit en Flandre.

Un nouveau plan de campagne a déjà germé
dans sa cervelle. Il en fait part à M. de Bachaumont
avec lequel il était entré en correspondance.

Il lui envoie, pour le soumettre aux ducs de Gèvres
et d'Aumont, un projet de *Comédie ambulante* *

* J'en dois l'indication à M. Paul Lacroix qu'il faut con-
sulter sur toutes choses. Il se trouve dans le *Portefeuille
de Bachaumont* (Beaux-Arts. Correspondance). Bibliothèque
de l'Arsenal. Manuscrit n° 4.041, in-fol.

pour la France. A la date du 19 janvier 1749, il lui en expédie un double pour le faire tenir au maréchal de Richelieu, à M. le comte d'Argenson et à l'abbé de Bernis, qui s'intéressent tous à lui. Mais son vœu intime serait de toucher le cœur de madame de Pompadour, dont la toute-puissance à la cour mettrait un terme à ses angoisses. Voici cette curieuse pièce :

Projet d'un Opéra ambulant et d'une Comédie ambulante *pour Lyon, Marseille et Bordeaux.*

Le désir ardent que j'ay toujours eu d'être utile à ma nation par quelque endroit, étant un objet qui m'occupe sans cesse; et par l'effet d'un goût naturel, mon génie s'étant tourné aux spectacles, j'ay cru devoir proposer les vues que j'ay pour l'établissement d'un Opéra ambulant et pour celui d'une Comédie ambulante.

Les Opéras de province, dont le privilege appartient à l'Opéra de Paris, ont été regardés jusqu'ici comme un casuel fort incertain. Il y auroit pourtant un moyen bien sûr pour en tirer de grands avantages : Ce seroit de les supprimer tous et de leur substituer un Opéra ambulant qui ne seroit proprement qu'une branche, ou un aide de celui de Paris.

Il seroit composé : 1° des sujets du magazin de l'Académie qui ne seroient point assez formez pour Paris, et qui marqueroient le plus de dispositions; 2° de ceux actuellement [en exercice], mais dont l'Académie pourroit se passer au moins quelque tems.

Les premiers, en roulant dans la province, se for-
meroient par l'exercice, et les autres se perfection-
neroient. L'entrepreneur, pour cet effet, s'attacheroit
deux bons maîtres (au choix de l'Académie) l'un pour
le chant, l'autre pour la danse, et qui seroient à la
charge de l'entrepreneur.

Les appointemens des acteurs, actrices, danseurs,
danseuses, seroient réglés à Paris par l'Académie et
proportionnés aux talens.

Pour rendre l'Opéra ambulant plus utile à celui de
Paris, il faudroit établir que personne ne pût entrer
à ce dernier spectacle sans avoir fait dans la province
une espèce de noviciat, au moins d'une année, excepté
quelques sujets extraordinaires pour lesquels il n'y a
jamais de règles générales.

Quoique l'Académie s'obligeât de fournir à l'entrepreneur tout ce qu'elle pourroit de sujets, celui-ci
n'épargneroit rien pour découvrir et assembler, dans
toute l'étendue et hors du royaume, tous les talens
propres à ce spectacle.

Au moyen de cet établissement, l'Opéra de Paris ne
manqueroit pas de sujets ; il en seroit toujours le
maître, et feroit la loy au lieu de la recevoir.

L'Opéra ambulant qu'on a proposé peut servir de
modèle pour une Comédie ambulante qui rouleroit
avec ce premier spectacle.

Cette comédie seroit une école propre à former des
sujets pour les Comédiens français de Paris, dont le
Théâtre ne mérite pas moins d'attention que l'Opéra,
et est peut-être aussi dépourvu de talens.

On rassembleroit pour cet établissement les meilleurs

sujets des provinces, et même des Cours étrangères.
Rien ne seroit plus propre à les perfectionner que
cette Comédie ambulante où l'entrepreneur introdui-
roit l'ordre et le goût convenables.

On s'attacheroit principalement à acquérir un
homme au fait du théâtre et en état de bien montrer
l'action et la déclamation théâtrale. On ne négligeroit
rien d'ailleurs de tout ce qui peut rendre un sujet capable de se bien présenter agréablement au public.

Cette Comédie ambulante seroit une ressource toujours prête pour celle de Paris, et celle-ci ne seroit
point réduite aux hasards incertains des débuts qui
réussissent si rarement, parce qu'on seroit sûr des sujets.

L'Opéra ambulant s'établiroit tour à tour dans les
trois villes du royaume les plus propres à soutenir ces
spectacles, telles que Lyon, Marseille et Bordeaux, et
ne resteroit qu'une année dans chacune.

Pour ne point laisser de vuide dans les représentations, on prendroit la quinzaine de Pâques (tems où
les spectacles cessent partout pour aller d'une ville à
l'autre). Comme l'Opéra ambulant et la Comédie ambulante ne pourront occuper que deux villes, la troisième aura toujours un spectacle que l'entrepreneur
s'obligera de fournir.

MONNET.

On voit où tendait Monnet. Il aurait opéré de
véritables razzias artistiques pour le compte des
deux grands spectacles de Paris, tout en exploitant
la province pour son compte personnel. Couvert
par le pavillon de la Comédie-Française et de

l'Opéra, il aurait eu le droit de faire des levées extraordinaires dans toutes les troupes du royaume, en prévenant les directeurs six mois d'avance. Au point de vue du recrutement des sujets, l'idée de Monnet est la plus pratique qui ait germé sous le régime des privilèges et des monopoles. Elle en était la conséquence naturelle, et, si elle ne se réalisa point, ce ne fut point la faute de celui qui l'avait suggérée.

Malgré toutes les preuves qu'ils avaient des ressorts que Monnet mettait en mouvement pour les payer, les sieurs Desormes et Durancy, avec la Durancy et la demoiselle Bureau, se mirent en tête de le faire arrêter, et avec les détails les plus odieux, car les deux premiers, pour ne pas perdre de vue leur proie, voulurent accompagner les archers. Un Anglais se porta garant de sa dette ; mais, faute d'avoir renouvelé caution en temps opportun, Monnet dut répondre de sa personne jusqu'à parfaite libération et se retirer sous le toit hospitalier d'un juge de paix de la ville, situation à peu près analogue à celle de la contrainte par corps. Monnet a raconté comment son sort fut adouci par la captivité volontaire d'une de ses actrices plus sensible au malheur que ses camarades ; mais l'épisode le plus curieux de sa narration est la rencontre qu'il fit du *Roi Théodore* *,

* Pour l'histoire, le baron de Newhoff, autrement dit

logé, comme Monnet, à l'enseigne des *Debteurs et Emprunteurs,* que loue si fort le bon Panurge.

« J'ai été roi tout comme un autre ; je suis Théodore ; on m'a élu roi en Corse ; on m'a appelé *votre majesté,* et à présent à peine m'appelle-t-on *monsieur;* j'ai fait frapper de la monnaie, et je ne possède pas un denier ; j'ai eu deux secrétaires d'État et j'ai à peine un valet ; je me suis vu sur un trône, et j'ai été longtems à Londres en prison sur la paille... » Qu'est ceci ? La véridique histoire du baron Théodore de Newhoff, roi de Corse durant l'été de 1736, racontée par Sa Majesté elle-même. Sa Majesté est venue passer le carnaval à Venise ; elle soupe à table d'hôte, avec cinq autres seigneuries chassées de leurs palais et descendues à la même hôtellerie : elle répond à un héros de roman que Voltaire a fait asseoir auprès d'elle, par caprice de conteur, au naïf *Candide.* Seulement, Sa Majesté exagère quant à la *paille de la prison de Londres.* Monnet ne nous dépeint pas l'endroit sous d'aussi sombres couleurs : mieux encore, on y boit, on y mange, on y maudit ses créanciers tout à son aise ; c'est l'ordinaire des maisons pour dettes

roi Théodore, est bien près d'être mort tout entier : pour l'art, il revit dans *le Roi Théodore à Venise,* opéra héroï-comique de Paisiello, représenté à Paris, en 1787, et, pour le roman d'aventures, dans cet avoué de Périgueux, qui devint roi d'Araucanie, il y a quelque vingt années.

et le sire Théodore n'y contredit point. L'impre-
sario sans théâtre et le monarque sans couronne y
noient leurs soucis dans les pots; ils y chantent
l'ariette et débitent la gaudriole, mais il n'est question nulle part de la *paille* de Théodore : c'est
une figure dont celui-ci se sert pour apitoyer la
noble compagnie de l'auberge vénitienne, et abou-
tir à un emprunt de la famille de ceux qu'on ne
rembourse pas.

Monnet resta six mois sous les verrous. Il n'en
sortit qu'à force de sacrifices dont on jugera par
l'*état* ci-annexé, qui a été imprimé en anglais et en
français, et qui nous intéresse à plus d'un titre :
« Mes acteurs qui, dans toutes les règles de l'honneur et de la justice, auroient dû entrer dans ma
perte, attendu qu'ils n'ont joué que quatre fois et
que mon théâtre a été fermé par une autorité su-
périeure, ont durement exigé de moi le double des
appointemens qu'on leur donne en France, et
m'ont encore fait payer les frais de justice qui font
un objet considérable. Mais ne suis-je pas assez
justifié par la seule protection dont m'ont honoré
la noblesse et la plupart des seigneurs ? On sçait
que qui dit un véritable Anglois dit un homme vé-
ritablement ami des hommes lorsqu'ils intéressent
son cœur par une droiture et des sentimens con-
formes aux siens propres... Puisse. s'écrie-t-il en

ETAT des avances faites par M. MONNET, pour son Spectacle de Londres, tant en Argent qu'en Billets.

NOMS des ACTEURS ET ACTRICES	MONTANT de leurs ENGAGEMENS	MONTANT de ce qui leur a été PAYÉ EN ARGENT	MONTANT de ce qui leur a été PAYÉ EN BILLETS	TOTAL de la dépense tant EN ARGENT QU'EN BILLETS
	L. s.	L. s.	L.	L. s.
Desormes	5220	1518	3000	4518
Mauly et Hamon	6890	4000 10	1440	5440 10
Bureau	5966 9	3802	1200	5002
Toscano	4319	3059	1270	4329
Durancy et son épouse	8655	3368	4800	8168
Parant	5000	2479	»	2479
Terrolat	1200	893 7	»	893 7
Kelly	1200	797	»	797
Villiers	748	748 13	»	748 13
Chateauneuf	1000	362 10	»	362 10
Dupiacol	840	564	276	840
Champville	2000	1200	»	1200
Saint-Amand	1800	500	400	1000
	43865 9	22502 »	12386	49304

AUTRES FRAIS

	L.
Loyer de la Salle de Théâtre	4800
Au Tailleur de la Comédie	816
Frais de quatre Représentations données.	1500
Frais de voyages du sieur Monnet, son séjour de 20 mois tant à Londres qu'à Paris, Frais de Douane, Justice et Prison. . . .	7500

Total de la Dépense. 49304

RECETTE

	L.
Pour 56 Souscriptions à 5 Guinées chacune.	6720
Produit des 4 représentations données sur le petit Théâtre de *Hay-Marked*. . .	4181
Reçu d'une seconde Souscription, par les mains de M. *Arthur*, maître de *White's Chocolate-house*.	11200
Reçu d'un Bénéfice au Théâtre de *Drury-Lane*	2400

Total de la Recette. 24501

Partant, la Dépense excède la Recette de 24803l. Tournois, que le sieur *Monnet* perd réellement dans son entreprise, outre deux Années et demie de son tems qu'il y a employées.

terminant, ma reconnoissance pour eux être aussi publique et aussi célèbre qu'elle est vive, pleine et sincère. Puisse l'égaler un jour mon zèle à leur procurer des amusemens dignes d'eux ! »

VI

Monnet, pour la seconde fois, directeur de l'Opéra-Comique
(1752). — La salle de la foire Saint-Laurent. — L'admiration qu'elle excite. — Sa beauté. — Sa sonorité. — Om-
nipotence de Monnet. — Opinions de la critique et des
gazettes sur ses capacités. — Sa retraite. — Cession de
l'Opéra-Comique aux sieurs Moët et Corby (1757).

AILLITE et prison! Vent en poupe
et vent en proue! Un impresa-
rio vulgaire ne se fût point relevé du coup : Monnet ne prit
que le temps de se frotter l'é-
chine, et fit à l'Angleterre sa
plus belle révérence d'adieu.

Le 20 décembre 1751, à la sollicitation de la fameuse mademoiselle Le Maure, il obtenait l'agrément du roi pour le rétablissement de l'Opéra-
Comique, et passait, le 30 suivant, un bail de six

ans avec le bureau de la Ville, à 12,000 livres
pour chacune des trois premières années, et à
15,000 livres pour chacune des trois dernières.

Monnet se sentait mûr pour la fortune. L'artiste
s'était bardé du triple airain du philosophe. In-
sensiblement, on plie son humeur aux complica-
tions des affaires, et tel, qu'un acte de procédure
plongeait hier dans la noire mélancolie, verrait
aujourd'hui d'un œil sec le rétablissement des
tailles, des gabelles et des sergents à verges. En
décembre 1751, Monnet était sans argent; des
amis lui en prêtèrent. Il était sans auteur; *il dé-
couvrit* Vadé dont le tour d'esprit l'avait séduit et
se l'attacha par un traité. Il était sans acteurs; à
grands frais il rappela de la province plusieurs
sujets de l'ancien Opéra-Comique. Il était sans
théâtre; en cinq semaines, il fit réparer la salle du
faubourg Saint-Germain, branlante, croulante, et
depuis dix-huit ans sous le scellé de la justice.
L'ouverture de son spectacle était fixée au 3 février 1752 : audit jour, on y débitait le *Retour
favorable,* prologue d'ouverture *.

Depuis la suppression de l'Opéra-Comique, en

---

* Mademoiselle Rosaline, MM. de Lécluse et Deschamps
sont les acteurs qui ont été le plus applaudis... M. Monnet dont on connoît la vivacité, le zèle et l'intelligence,
a fait, pour bien monter son théâtre, des efforts plus heureux qu'on ne devait naturellement espérer du peu de

1745, on ne représentait plus à la foire que des
scènes muettes et des « pantomimes angloises ».
Quelques troupes de danseurs de corde et de sauteurs, des marionnettes, des animaux sauvages,
des joueurs de gobelets y « faisoient leurs mons-
tres ». La *Grande troupe étrangère,* établie depuis
1735 par Restier et Lavigne, attirait encore le menu
peuple, mais les gens du bel air avaient abandonné
les loges.

Monnet sut les y ramener, et sa direction, de
1752 à 1758, marque la belle époque de l'Opéra-
Comique. Tous les auteurs du temps s'accordent à
rendre hommage à ses talents. La Harpe vante
son intelligence et son activité ; Grimm, son obligeance ; l'abbé de La Porte, son habileté ; Fréron,
son goût et son esprit. Chevrier, dont Sabatier de
Castres compare les libelles agressifs « à ces nuées
d'insectes éphémères qui ne piquent qu'un moment
et ne vivent qu'un jour », rentre les griffes devant
Monnet. « Ce spectacle, dit-il quelque part, en
parlant de l'Opéra-Comique, contre·lequel la décence s'est récriée longtemps avec une sorte de
raison, devient aujourd'hui un amusement hon-

tems qu'il a eu pour s'y préparer. Il sait mieux que
personne ce qui manque à ce spectacle, et cette con-
noissance produira sûrement quelque chose. » (*Mercure* de
mars 1752, p. 189-90).

A partir de sa réouverture par Monnet, l'Opéra-Comique
prend place dans les comptes rendus du *Mercure,* à côté de
l'Opéra, des Français et des Italiens.

nête qui attire tout Paris, grâce aux soins que
M. Monnet prend pour l'embellir. » — Et, après
avoir déclaré qu'« *il est seul capable de conduire ce
spectacle...*, M. Monnet, qui a senti que l'Opéra-
Comique n'était rétabli que pour augmenter nos
plaisirs et que leur intérêt exigeoit qu'il durât
toujours, a fait des dépenses étonnantes pour la
construction d'une salle à la foire Saint-Germain.
Attentif à plaire au public, il met à profit
son goût et son intelligence pour nous procurer de bons auteurs et des acteurs dignes
d'eux. »

A son expérience chèrement acquise des choses
du théâtre, Monnet unissait une ingéniosité native
qui lui rendait familiers les moindres détails d'une
grande entreprise. Il y a dans Monnet du choré-
graphe, du décorateur, du machiniste, voire de
l'architecte. Cette fameuse salle Saint-Laurent, qui
arrache des cris d'admiration à tous les rédacteurs
des feuilles publiques, si nouvelle que les Pari-
siens la vont visiter en pèlerinage, si jolie que le
Roi l'achètera plus tard pour la faire démonter et
remonter à l'hôtel des Menus, c'est Monnet qui en
a l'idée et qui la soumet à l'architecte. « Le théâtre, dit Monnet, pour lequel il n'y eut ni dessin ni
plan d'arrêté, fut construit dans trente-sept jours.»
Arnoult, machiniste ingénieur du roi, dirigea
l'exécution des travaux avec de Leuze. Boucher se

fit un plaisir de composer les dessins du plafond, des décorations, des ornements même, et de présider à toutes les parties de la peinture qui fut employée dans cette salle. » Partout on reconnaissait le coup de baguette du magicien, partout on s'émerveillait de tant de célérité : « Il a fait construire une salle d'un goût plus exquis que toutes celles des autres spectacles de Paris, dit l'abbé de La Porte, et ce qu'il y a de plus admirable, et ce qui prouve en même tems l'intelligence et les ressources du directeur, c'est qu'on a vu ce bâtiment superbe, commencé, élevé et fini dans un lieu où quarante jours auparavant on cueilloit encore de l'oseille et des épinards * ».

On fatigue l'écho du nom de Monnet : c'est le grand Monnet, l'ingénieux Monnet, le triomphant Monnet, le grand prophète Monnet ** ! Le café (consécration suprême !) popularise sa popularité. Procope s'émeut. Madame Bourette, qui tenait le *Café Allemand,* rue Croix-des-Petits-Champs, fréquenté des gens de lettres, en est toute férue.

---

* *Voyage en l'autre Monde* (1753, 2ᵉ partie, p. 171).
** *Les Prophéties du grand prophète Monnet,* etc. Titre d'une brochure parue fin janvier ou au commencement de février 1753, au fort de la Querelle des Bouffons. On trouvera l'histoire de cette guerre fameuse dans notre *Histoire littéraire et musicale du premier Opéra-Comique français,* qui paraîtra prochainement.

4

Jugez-en par cette requête rimée sur le comptoir.

ÉPITRE A M. VADÉ *

Ami déclaré des Poissardes,
Quoique grossières et bavardes,
Elles ont cependant bon cœur.
C'est pour cette raison, BEAU SIRE,
Que votre équité vous inspire
D'en être le préconiseur.
Quand il s'agit de Bouquetières,
Vous devenez l'imitateur
De leurs discours, de leurs manières.
C'est assez parler de cela :
Plus poli que tous ces gens-là,
Vous pouvez, sans un grand miracle,
Porter l'ingénieux Monet
*A me faire part d'un Billet **,*
Pour aller voir son beau spectacle.
S'il a pour moi cette bonté,
Je dirai que Certaine Salle,
Qui jadis étoit une halle,
Paroît un Palais enchanté.

L'Observateur littéraire revendique en faveur de Roland le Virloys, architecte du théâtre de Metz. bâti en 1715, l'invention du système de loges ap-

* *La Muse limonadière,* ou *Recueil d'ouvrages en vers et en prose,* par madame Bourette, cy-devant madame Curé, etc. (Paris, Seb. Jorry, 1755, 2 vol. in-12.)

** Le billet gravé que nous reproduisons ici est une pièce unique.

OPÉRA COMIQUE

Pour Deux Personnes
Cejeudy 21 mars 1754

Mannuscrit Legras

pliqué à l'Opéra-Comique. « Lorsque M. le Virloys
faisoit construire les loges du théâtre de Metz, un
curieux qui étoit alors dans cette ville et lui rendoit
de fréquentes visites, fit quelque tems après un
voyage à Paris. Il apprit qu'on étoit dans le dessein
d'élever un théâtre pour l'Opéra-Comique à la
foire Saint-Laurent. Il vit les entrepreneurs et leur
communiqua les idées de M. le Virloys. Ceux-ci
s'en sont fait honneur ; sans en être jaloux, le véritable auteur peut réclamer un bien qui lui appartient. Vous avez vu les loges de ce spectacle ; elles
sont faites à l'imitation de celles de Metz *. »
Ancelet, qui a laissé des *Observations sur la musique, les musiciens et les instruments* composant
les orchestres de l'Opéra, de la Comédie-Italienne
et de l'Opéra-Comique, dit que la supériorité de
ce dernier tenait en partie à la sonorité excep-
tionnelle de la salle **. De l'aveu de Favart (*Mémoires*), il n'était rien de comparable à la salle
Saint-Laurent pour l'élégance et le confort, et lorsqu'il fut question de la jeter bas en 1762, après la

---

* *L'Observateur littéraire* (1759, t. V).

** « L'orchestre de l'Opéra-Comique fait beaucoup plus
d'effet, par le choix de la musique que l'on y exécute, par
l'ensemble des musiciens, et par la construction de la salle
qui est la plus sonore qu'il y ait en France. Si le Directeur
de cet Opéra avoit eu les ressources des autres spectacles,
il auroit rendu le sien beaucoup plus intéressant qu'il n'a
été jusqu'ici, et auroit mérité un plus grand nombre de
suffrages. » (*Observations*, etc. Amsterdam, 1757, in-18.)

réunion de l'Opéra-Comique à la Comédie-Italienne, tout Paris protesta. Pour la sauver, Favart voulait que la Comédie-Italienne se ménageât à la foire un théâtre d'été. Dumont en donne le plan dans son *Parallèle des plus belles salles de spectacle d'Italie et de France* *.

Je pourrais rééditer ici le catalogue des pièces que Monnet a produites sur les scènes des foires Saint-Germain et Saint-Laurent, ainsi que la liste des acteurs, actrices, symphonistes, danseurs et danseuses engagés sous sa direction; mais cette compilation ferait craquer mon cadre.

On me saura plutôt gré d'avoir dressé, d'après des *états* de provenances diverses, mais sûres, l'*Appendice* qui suit cette étude, et qui en dit long sur la constitution de l'Opéra-Comique, régénéré par Monnet.

La plupart des artistes, cités dans ce tableau, se sont distingués dans leur genre, et le lecteur ne manquera pas de souligner les noms d'Anseaume, de Laruette et de Noverre. D'Avesne, qui conduisait l'orchestre, était précédemment *ordinaire de l'Académie royale de musique* et *basse du grand chœur*. C'était un compositeur assez distingué, qui avait écrit déjà quelques bonnes ouvertures d'opéra comique et, dans un ordre plus élevé, des motets à grand chœur, exécutés avec succès au Concert spirituel.

* Paris, 1763, in-folio.

On sera frappé aussi par les règlements que Monnet faisait lire à ses pensionnaires, le premier jour de chaque mois, aux assemblées de répétition, et qui prouvent combien il était jaloux de la discipline dans le service intérieur du théâtre.

C'était un directeur autoritaire. Il avait opéré dans son personnel une réforme que l'on attendit longtemps à la Comédie-Française : le réalisme du costume. « Si vous n'avez pas toujours l'esprit de votre rôle, disait-il, faites en sorte d'en avoir l'habit. »

Il avait également prohibé ces communications de la rampe à la salle, si nuisibles à l'illusion scénique.

Ses façons omnipotentes sont encore dénoncées dans une parodie de *Cinna* dirigée contre le duc d'Aumont, en 1759, et pour laquelle on embastilla Marmontel *. C'est le duc d'Aumont qui parle :

Que chacun se retire et qu'aucun n'entre ici ;
Vous, Le Kain, demeurez ; vous, d'Argental, aussi.
Cet empire absolu que j'ai dans les coulisses
De chasser les acteurs, de choisir les actrices ;
Cette grandeur sans borne et cet illustre rang,
Que j'eusse moins brigué s'il eût coûté du sang,
Enfin tout ce qu'adore en ma haute fortune
Du vil comédien la bassesse importune,
N'est que de ces beautés dont l'éclat éblouit

---

* L'auteur de cette parodie était l'intendant des Menus-Plaisirs du Roi, M. de Cury, qui n'alla pas rejoindre Marmontel à la Bastille.

Et qu'on cesse d'aimer sitôt qu'on en jouit.

. . . .

Molière eut comme moi cet empire suprême,
Monnet dans la province en a joui de même.
D'un œil si différent tous deux l'ont regardé,
Que l'un s'en est démis, et l'autre l'a gardé.
Monnet, vain, tracassier, plein d'aigreur et d'envie,
Voit en repos couler le reste de sa vie,
Et l'autre, qu'on devoit placer au plus haut rang,
Est mort sans médecin, d'un crachement de sang.

Monnet, le grand Monnet, comme l'appelaient quelques-uns, n'était pas seulement un heureux : c'était aussi un habile, bravant ou inquiétant la concurrence, intriguant à la fois et pour la direction de l'Opéra et pour l'expulsion des comédiens italiens *. Au bout de dix florissantes années, il avait fait fortune, et par le bon moyen :

« Il ne s'est pas passé une année, disent les *Specta-*

---

* L'on parle de renvoyer en Italie notre troupe de Comédiens italiens, écrit d'Argenson en 1755, l'Opéra-Comique la remplaceroit pendant les deux foires de Saint-Germain et de Saint-Laurent avec d'autant plus de raison que les Italiens ne jouent quasi plus de pièces italiennes ou n'y ont personne... Brigue, cabale pour cela... La demoiselle Favart et son mari se sont ligués avec Monnet pour cette opération. On n'a fait représenter les Italiens qu'une seule fois à Fontainebleau, dégoût précurseur de leur disgràce. » — « Il y a un grand appui à la Cour pour faire donner la direction de l'Opéra au sieur Monnet, directeur de l'Opéra-Comique ; c'est un homme très capable et qui entend merveilleusement cette sorte de direction. (*Mémoires* de d'Argenson, t. VIII, p. 367 et 418.)

cles de Paris, depuis que M. Monnet en a la direction,
qu'il n'ait donné un nouvel éclat à ce spectacle. Il a eu
d'abord, dans M. Vadé, le poète qui a eu le plus de talent pour le genre d'ouvrages qu'on y représente.
Ajoutez à ce premier avantage, celui d'avoir trouvé un
musicien excellent dans la personne de M. d'Auvergne
qui, dans les *Troqueurs*, a fait voir un goût exquis,
une connaissance parfaite de la bonne musique italienne. Je ne dis rien ni de la construction de la plus
belle salle de spectacle qu'il y ait à Paris, et des ma-
gnifiques ballets que l'habile directeur a fait exécuter
avec l'applaudissement général d'une foule prodigieuse
et toujours soutenue de spectateurs; poètes, musiciens,
architectes, maîtres des ballets, décorateurs, machi-
nistes, etc., tous se sont réunis pour seconder ses vues,
et il n'y en a aucun qui n'ait excellé dans son genre. »

« ... C'est au zèle actif de son habile directeur que
l'Opéra-Comique doit son éclat et ses succès. M. Monnet a fait aux deux dernières foires des dépenses auxquelles la recette n'a pas toujours été proportionnée,
surtout à la foire Saint-Laurent; il a plus songé à satisfaire le public qu'il n'a pensé à ses intérêts person-
nels dans la magnificence de ses ballets et de ses décorations, et quelque nombreuses que fussent ces
assemblées, le produit suffisoit à peine pour subvenir
aux frais immenses de son spectacle. Tout le monde
convient que ce théâtre n'a jamais été aussi brillant
que depuis qu'il en a la direction; et personne n'a fait
voir plus de talent que lui pour des entreprises de
cette nature *.

* *Spectacles de Paris* pour 1756, p. 100.

« .....MM. *Vadé, d'Auvergne* et *Noverre* ont sou-
tenu longtems la gloire de l'Opéra-Comique sous la
direction de M. *Monnet.* Le premier savoit animer ses
compositions par tout ce que la gaieté française a de
plus enjoué. Le second en relevoit le mérite par des
ariettes qui réunissoient les agrémens de la musique
italienne et de la nôtre. Le troisième y mêloit des
ballets supérieurement dessinés et offroit le spectacle
de plusieurs tableaux mouvans, que l'œil considéroit
avec autant de plaisir que de surprise. Tels étoient les
secours qu'employoit M. *Monet* pour assurer la réus-
site de son théâtre. Le poëte, le musicien et le choré-
graphe entroient avec lui en société de talens et sem-
bloient se disputer la gloire d'amuser agréablement le
public * ».

Vers la fin de 1757, Monnet cédait l'Opéra-Comique, théâtre, magasins, décors et costumes avec
le temps qui restait à courir de son privilège, aux
sieurs Corby, Moët et compagnie **, moyennant

---

* (*L'Observateur littéraire*, par l'abbé de Laporte (1759),
p. 274 et 275.

** Collé, dans son *Journal*, nous renseigne sur cette com-
binaison financière : « Le grand Monnet a quitté l'entreprise de l'Opéra-Comique en s'y réservant seulement une
part de 14,000 livres : il y a six parts de pareille somme
dans le fond de cette affaire. Deshesses, le comédien italien,
en a une; Corbie, cet écumeur de littérature, qui vole les
manuscrits à droite et à gauche et qui a fait imprimer le
Théâtre des Boulevards, en a aussi une; un nommé Moët,
une autre. Favart n'a voulu qu'une demi-part de 7,000 livres; mais on lui fait, sur la chose, 4,000 livres d'appointe-

une somme de 83,000 livres, beaux deniers pour
l'époque, Malgré les 45,000 livres qu'il avait dé-
pensées en constructions, il se retirait avec 6,000 livres de rente environ, du fait de sa direction.

« Le sieur *Monnet,* disent Hurtaut et Magny dans
leur *Dictionnaire historique de Paris,* à l'article *Opéra-
Comique,* a incontestablement l'honneur d'avoir brisé
les tréteaux : il a le premier donné à ce Spectacle la
forme d'un théâtre régulier. Le zèle, la vivacité et
l'intelligence avec lesquels le sieur *Monnet* s'est conduit dans cette entreprise ont été suivis des succès les
plus heureux, car, d'un côté, il a su plaire au public
et, de l'autre, acquérir en moins de six années de quoi
pouvoir faire une retraite honnête. »

Les successeurs de Monnet n'avaient qu'à pro-
fiter de la vitesse acquise, et à se tenir dans la voie
de progrès où tout Paris s'était engagé avec lui.

« Ils ont suivi le même plan qu'il avoit formé; ils
ont cherché à améliorer certaines parties de détail qu'il
n'étoit pas possible que M. Monnet pût avoir seul.
Connoître les talens au premier coup d'œil, se tromper
rarement dans son choix, c'est un mérite qu'on ne
pouvoit pas lui refuser. Plaire à ses spectateurs, varier

mens par an. Ces nouveaux entrepreneurs vont entrer en
jouissance au mois de février prochain; ils achèvent le
reste du bail de Monnet, lequel a encore trois ans à courir,
à ce que je crois. » *Journal de Collé,* t. II, p. 126, janvier
1758.)

sans cesse leurs amusemens, travailler avec soin à la
mise brillante de chaque pièce, choisir des sujets d'un
mérite reconnu, en appeler même des pays étrangers,
ne point regarder aux frais immenses qu'une pareille
recherche entraîne nécessairement après soi : voilà le
plan sur lequel se fixent ses successeurs. Ramener le
sexe effarouché par le style trop libre de quelques anciens opéras comiques, c'est encore un objet dont ils
paroissent s'être fait une loi indispensable *.

* *Spectacles de Paris* pour 1759.

VII

A ne s'arrête pas la vie active de
Monnet. En 1760, un accès de
spéculation le reprit : il se
rappela certain *Mémoire* sur
l'Opéra qu'il avait présenté à
M. d'Argenson en 1745, dans
lequel il avait ébauché un projet de Waux-Hall,
sous le nom de *Bal champêtre*, qui devait dé-
pendre de l'Académie de musique, et dont Ar-
nould, ingénieur et machiniste du roi, avait dressé
les plans. Il communiqua ses vues à Louis,

l'architecte du roi de Pologne, qui fit les dessins d'un Waux-Hall, dont l'emplacement fut fixé dans le bois de Boulogne, près la Croix de Mortemart.

Le 8 avril 1763, Favart écrit au comte de Durazzo pour lui en annoncer l'ouverture : « Le sieur Monnet, ancien directeur de l'Opéra-Comique, a imaginé le projet d'un bal public pour le Bois de Boulogne. Ce projet a été agréé de Sa Majesté. Il sera exécuté le mois prochain. Le détail de cette entreprise demanderoit trop de tems ; je le remets à une autre fois. »

Mais Favart n'en reparle plus, la concession ayant été finalement refusée.

Monnet, qui avait l'amour-propre de ses inventions et qui les voyait plagier depuis lors par Ruggieri, aux *Porcherons* de la rue Saint-Lazare, et par Torré, au Waux-Hall de la rue de Bondy, a fait paraître, en décembre 1769, son *Projet de Waux-Hall,* gravé en quatre planches, dont Fréron se montre fort satisfait :

« Les dessins en furent vus dans le tems par des personnes de goût qui parurent les approuver. Secondé par une compagnie qui lui fournissoit des fonds pour cette entreprise, M. Monnet en sollicita le privilége, qui lui fut refusé. Il est certain que cette espèce de Waux-Hall ou bal champêtre méritoit la préférence sur tous ceux qu'on a vus depuis... La plus forte objection qu'on pouvoit faire contre ce Waux-Hall étoit son éloignement de Paris ; mais on recueilloit de cette position des avantages considérables : 1° l'éloignement en auroit détourné tout le menu peuple, qui fait ordinairement la plus grande foule aux fêtes publiques et aux promenades dont les accès lui sont libres. 2° Ce Waux-Hall n'étant pas un bal perpétuel, mais une fête réservée pour l'été, c'est-à-dire pour le tems où tous les spectacles sont moins fréquentés que les promenades, il ne pouvoit faire aucun tort à ces spectacles. M. Monnet n'ayant pu faire exécuter son projet, vient, à la sollicitation de ses amis et pour sa propre satisfaction, de le faire graver en quatre planches, d'après les dessins de M. Louis. La première offre une vue du Bois de Boulogne, où l'emplacement du Waux-Hall est indiqué ; la seconde présente un plan général du Waux-Hall ; la troisième, la coupe de l'édifice, et la quatrième, son élévation. Ces quatre planches, supérieurement gravées par nos meilleurs maîtres, se trouvent à Paris, chez M. Monnet, rue de Cléry, près la rue Saint-Philippe, et chez Bazan, marchand d'estampes, rue du Foin-Saint-Jacques. Le prix est de six livres. Vous serez enchanté de la beauté de l'architecture, de la variété et du goût qu'on a répandus dans les jardins et dans les accessoires * ».

Le *Bal champêtre,* de Monnet, est le point de dé-

* Fréron. — *Année littéraire* de 1769, t. VIII, p. 276 et suivantes.

part de toutes les entreprises du même genre :
c'est lui qui a déchaîné cette fureur de waux-halls
et de colisées qui se déclara dans Paris pendant le
dernier tiers du xviiie siècle, et qui se répandit en
province avec une telle intensité que M. Du Belloi,
évêque de Marseille, dut lancer un mandement
contre les abbés détournés en masse des pratiques
de la religion par le Colisée de Marseille.

D'après Bachaumont, Monnet aurait participé
en 1769 à l'entreprise du Colisée de Paris, à la
tête de laquelle étaient « le sieur Camus, architecte de M. de Choiseul ; le sieur Monnet, ancien
directeur de l'Opéra-Comique, et doué d'un
talent particulier pour ces sortes de spectacles et
d'inventions ; le sieur Corbie, etc. * » Monnet a
pu être entendu, à titre consultatif, dans les con-
ciliabules qui précédèrent la construction du Colisée ; il était d'un bon conseil sur la matière en
délibération ; on a pu chercher à s'entourer de
ses lumières. Mais il était trop avisé pour s'en-
gager avec des capitaux dans la commandite de
ce singulier établissement, célèbre pour avoir en-
glouti plusieurs millions à ses actionnaires, et
pour s'être fait, en quatre ans, deux cent soixante
créanciers principaux qui, après avoir plaidé à
outrance, soit entre eux, soit contre les proprié-
taires, ne virent d'autre compensation à leurs
pertes que la destruction et la vente des maté-

---

* *Mémoires secrets*, t. IV, 17 juin 1769, p. 264.

riaux du monument qu'ils avaient aidé à édi-
fier *.

Après un voyage de quelques mois à Londres,
en 1766, Monnet était de retour à Paris **, bien
décidé à ne plus jouir de la vie qu'en bourgeois
aisé. C'est pendant ce voyage, le troisième qu'il ait
entrepris à Londres, qu'il publia son *Projet pour
l'établissement d'un opéra italien dans la ville de
Londres ***,* projet auquel il ne fut pas donné
suite. Il y recherche les moyens de l'administrer.
Il rêve grand. Il y expose ses idées sur le recrutement des artistes, sur les livres et sur la musique
qui conviennent au tempérament anglais. Il se
montre très exigeant à l'égard de l'orchestre, qu'il
veut excellent; il entend relever les exécutions
avec des chœurs expérimentés et des ballets con-
duits par un homme de génie dans la danse. Il
descend dans les détails de l'exploitation; il appelle à son aide Vigarini et Vaucanson pour les ma-

* Voir au sujet de cet édifice et de ses jardins, de forme
et de destinée également bizarres, la *Description du Colisée
élevé aux Champs-Élysées sur les dessins de M. Le Camus, par le sieur Le Rouge,* avec plan. (Paris, 1771, in-12
de 24 pages.)

** Le 24 juillet 1766, Favart écrit à Garrick : « J'ai vu
l'ami Monnet... Notre ami Monnet m'a tranquillisé, en
m'assurant que vous étiez plus heureux que jamais. »

« M. Monnet m'a mené chez M. Colman, votre compatriote... Je ne doute point, d'après son plan, que sa traduction (de *Térence*) ne soit bien reçue à Londres. »

*** Archives de l'Opéra, petit in-4°, 8 pages.

chines, et Servandoni pour les décorations. Il veut
s'attacher aussi un habile dessinateur d'habits, et
insiste sur la nécessité de costumes exacts et de bon
goût. Il va jusqu'à donner l'adresse des fabricants
d'étoffes d'or, d'argent, de soie, et en fleurs de Lyon
auxquels il faudrait s'adresser. « Tous mes moyens
sont évidens, et j'en crois l'exécution très possible.
Il ne s'agit point ici de spéculation... Sans me piquer d'autre mérite que des notions qu'apporte le
goût des arts, lorsqu'on le cultive, et de quelque
expérience formée du commerce que j'ai toujours
eu avec tous les hommes de talent que j'ai pu connoître, s'il n'est pas défendu de sentir à quoi notre
génie nous appelle, il me semble que la conduite
du spectacle dont j'ai fait le plan, pourroit réussir
entre mes mains. Il me siéroit mal de me prévaloir
de cette activité, de cet esprit d'ordre, dont bien
des personnes ont la bonté de me faire honneur.
Je m'en rapporte sur ce point au témoignage des
honnêtes gens qui ont eu affaire à moi, et qui
m'ont suivi dans mes entreprises. »

Nous le rencontrons, le 13 février 1770, dînant
chez le graveur Basan avec Georges Wille, autre
graveur, le peintre Boucher, M. de Valois, curieux,
et des attachés de la maison de Choiseul *. A
trois ans de là, nous le retrouvons faisant office de

* *Mémoires et Journal* de J.-G. Wille, graveur du roi.
(Paris, Renouard, 1857, t. I. p. 424.)

cicerone auprès d'un royal étranger, le duc de Glocester, en expédition galante à Paris. C'est ce qu'on lit dans les *Mémoires secrets* du 7 décembre 1773 : « Le duc de Glocester, frère du roi d'Angleterre, est ici depuis quelque tems dans le plus parfait incognito, ce qui l'empêche d'aller à la cour. C'est le sieur Monnet, ancien directeur des spectacles, et fort répandu dans les filles de cette capitale, qui s'est emparé de Son Altesse, et préside à ses plaisirs. Il a demandé pour elle, aux différentes comédies, les pièces qu'elle désiroit, et elle a été annoncée sur les affiches comme un personnage de la plus grande distinction. » Puis, tout à coup, comme s'il eût arrangé toute sa vie en féerie, il disparaît par une trappe dans les dessous de cette scène brillante sur laquelle il avait tenu tant de place.

Il convient de ne pas trop se récrier sur le dernier rôle que Bachaumont prête à Monnet. Monnet ne serait pas de son siècle, s'il n'eût été grand coureur de guilledou : il donne la réplique au duc de Glocester. C'est le délit, en ce temps-là mal défini, de *complaisance envers les princes.*

D'autres imputations ont été portées contre Monnet, mais elles ne viennent pas d'une source immaculée. Dans son terrible *Colporteur,* Chevrier lui reproche d'avoir engagé la Beauménars, dite *Gogo*, alors qu'elle n'avait que quatorze ans, moyennant quatre louis par mois qu'elle lui payait pour se produire. Seulement le maladroit

ajoute que Monnet le fit par reconnaissance pour
lui, Chevrier, auquel il avait des obligations. Le
même Chevrier, en humeur de venger la morale,
accuse tous les directeurs de l'Opéra-Comique et
de l'Opéra de se faire payer une redevance sur le
vice auquel ils donnent de la publicité.

Je ne puis rapporter ici, malgré toutes les sé-
ductions du langage mythologique dont elle est
entourée dans l'original, l'anecdote de Favart sur
la discussion qui s'éleva un jour entre Monnet et
Crébillon sur la prééminence de leurs avantages
physiques. L'affaire fut jugée sur pièces.

A partir de 1772, Monnet n'occupera plus les
feuilles publiques de sa personnalité que par les
annonces qu'elles feront de ses *Mémoires*. Il va
s'enfonçant dans une ombre grandissante qui
nous dérobera sa trace jusqu'à sa mort.

D'après Fétis et d'autres auteurs, Monnet serait
mort à Paris en 1785 ; mais aucun ne cite le document sur lequel il s'appuie, et l'expérience apprend
à se méfier des biographes. Ils ne se gênent pas
pour assassiner à leur guise les gens qui ne se
sont pas laissés mourir à heure fixe *.

Si Monnet n'eût pas été de nature voyageuse, il
ne nous répugnerait aucunement d'accepter la
date et le lieu de sa mort, en 1785, à Paris, rue de
Cléry, sur le chemin de cette foire Saint-Laurent

---

* *Le Dictionnaire* de Chaudon et Delandine tue Monnet
vers 1771.

qu'il avait rendue si vivante, et qui agonisait, elle
aussi! Mais il aimait tant le déplacement! Nous
avons sous les yeux un billet de lui, daté de Soissons, le 18 mars 1784, à l'adresse de Perregaux,
banquier, rue du Sentier *.

Tout y trahit des préoccupations de rat niché
dans son fromage de Hollande. Il y parle d'une
garniture de cheminée et d'une brochure qu'il
attend de Londres pour Monsieur le fermier général Tronchin. Il a l'air de s'être retiré là, dans
le Soissonnais, loin des fanfares du boulevard,
loin des parades de Nicolet et des figures de cire
de Curtius.

Serait-il mort à Soissons? Je n'ai pu suivre cette
piste jusque sur les registres de l'état civil. Les
archives de la ville ayant été incendiées en 1814,
aucun document municipal ne nous permet de la
contrôler.

Le souvenir de Monnet ne s'éteignit point sur
l'heure. La légende de ses orageux ménages fut
même portée à la scène dans les premières années
de ce siècle. La pièce est intitulée : *Monet, directeur de l'Opéra-Comique*, comédie en un acte et
en vaudevilles, par les citoyens Barré, Radet et
Desfontaines, représentée pour la première fois,
sur le théâtre du Vaudeville, le 4 thermidor
an VII. (Paris, Barba, an X, 1802.)

---

* Ce billet a fait partie de la collection Sapin.

Les personnages de ce vaudeville amusant sont tous historiques : tous, Anseaume, Damour, Vadé, Parent, mesdemoiselles Raton et Villiers, appartiennent à l'Opéra-Comique de Monnet.

Le rideau se lève sur le tailleur d'Amour qui nous narre les inconvénients et les avantages de son métier, tout en cousant les costumes de *Jérôme et Fanchonnette,* pièce en répétition. Là-dessus arrive le secrétaire du théâtre, le bon Anseaume, dont la conscience n'est guère tranquille. C'est lui qui a signé la pièce et pourtant c'est Vadé qui en est l'auteur ; mais Vadé est brouillé avec Monnet et ne veut pas que son nom paraisse sur l'affiche. Le scrupuleux Anseaume se refuse à recueillir le prix d'un succès qu'il n'a pas mérité ; il cherche donc à rapprocher Monnet et Vadé, pour décider ce dernier à signer *Jérôme et Fanchonnette.* Monnet est également fort agité. Une de ses anciennes maîtresses, la Violentine de ses *Mémoires,* le poursuit de sa jalousie et le menace sérieusement d'un duel. A quoi Monnet répond par ce couplet quelque peu *directoire :*

> *Avec vous j'en conviens franchement,*
> *Se bien battre est un fort beau talent :*
> *Mais pourquoi prendre ici tant de peine*
> *A vous former dans un pareil métier ?*
> *Vous avez des armes plus certaines*
> *Pour réussir en combat singulier.*

C'est une invention de Vadé qui sauve la situation. La maréchaussée, personnifiée par Parent et Vadé, intervient et feint de conduire Monnet au For-L'Évêque. Violentine, par un bon mouvement, supplie les prétendus agents de lui rendre Monnet, et tout finit par un embrassement général.

Quelques reparties sont empruntées aux *Mémoires* de Monnet.

VIII

'AI indiqué et analysé, à leur
place, les différents mémoires
explicatifs ou justificatifs écrits
par Monnet dans sa carrière
d'entrepreneur de spectacles.
Il a attaché son nom à des publications plus importantes. Vient, en premier
lieu, l'*Anthologie françoise, ou Chansons choisies
depuis le 13ᵉ siècle jusqu'à présent* (1765, 3 v.
in-8. Portrait de Monnet à la devise. Cochin et
St-Aubin, 1765. Airs gravés).

C'est Monnet, qui en est l'éditeur. Il la proposa
par souscription ouverte chez les libraires Ballard,
Barbou, Duchesne, Panckoucke, et Delorme et
Menu, marchands de musique, dans le courant de
février 1765. *Les Mémoires secrets* de Bachaumont,
toujours portés à dénigrer Monnet, lui firent un
accueil aussi aigre qu'injuste. « Rien de plus mal
fait, disent-ils... Il faut un goût exquis pour faire
un pareil ouvrage qui ne peut sortir des mains
d'un homme dont l'intérêt guide la plume. » Mais
l'*Anthologie* et la préface de Meunier de Querlon
se défendent très convenablement elles-mêmes.

Monnet en voulut faire un monument typographique ; il annonce cette prétention dans son
Avertissement, et l'exécution de l'ouvrage lui
donne pleine satisfaction. C'est un des plus jolis
recueils du dix-huitième siècle, pour l'agrément
des fleurons et la netteté de la mise en pages, et
les quatre gravures, sorties du crayon de Gravelot et du burin de Le Mire, sont d'une finesse ex-
quise. Monnet ne se flatte pas d'avoir concilié les
goûts de tous les amateurs de chansons, et les en-
gage à lui communiquer celles qui seraient propres à composer un supplément.

Il faut critiquer la classification, qui est défec-
tueuse, et les tables qui ne sont pas d'un usage
commode. Mais, au demeurant, c'était la collection la plus importante et la plus soignée qui eût
paru jusqu'alors.

A l'*Anthologie* s'ajoute ce volume qui la rappelle par la disposition typographique et qui lui sert de *Supplément* : Chansons joyeuses *mises au jour par un ane-onyme, onissime.* Nouvelle édition considérablement augmentée, et avec de grands changements qu'il faudrait encore changer (à Paris, à Londres, et à Ispahan seulement, de l'Imprimerie de l'Académie de Troyes, VXL. CCD. M. 1765, in-8, 2 parties, la seconde précédée d'un frontispice de Gravelot gravé par Née).

Ce volume, en réalité le quatrième de l'*Anthologie*, est souvent catalogué comme étant de Collé.

Il se ressent d'une publication hâtive. Bachaumont le daube avec la même partialité que dessus. « Il n'y a que des ordures sans sel, sans grâce et sans esprit. Toute la littérature est révoltée contre l'audace de cet intrus. »

Le même Bachaumont annonce, à la date du 13 février 1772, que Monnet est en train de proposer ses *Mémoires* par souscription pour paraître le 1er avril suivant, qu'ils sont de sa plume et qu'ils contiendront « les merveilleuses, incroyables et véritables mystifications » du petit Poinsinet. Ils y sont fort maltraités à la date du 13 avril 1772. « Les *Mémoires* de Monnet se distribuent... C'est un véritable poisson d'avril que ce bateleur littéraire a donné au public. » On s'attendait, en effet, dans les cercles des hommes de lettres, à des révélations scandaleuses sur des personnages encore

vivants. Les anciens amis de Poinsinet protes-
taient principalement contre les *Mystifications* et
invoquaient presque l'appui de la police pour interdire un livre injurieux au souvenir du mort.
On fut désillusionné par le ton peu agressif de ces
Mémoires, où les noms propres sont volontiers
remplacés par des pseudonymes, ou indiqués,
dans les passages scabreux, par leurs premières
syllabes. Mademoiselle B..., l'héroïne des épiso-
des court vêtus de la tournée de Monnet en province, est la Beauménars, célèbre dans les alcôves
sous le sobriquet de *Gogo*.

Violentine, maîtresse de Monnet, s'appelait
Agnès Doucet; le nom n'était pas en harmonie
avec le caractère.

Monnet eut aussi mesdemoiselles Villiers et
Raton, actrices de l'Opéra-Comique, et une demoiselle des Anges. J'en passe et des pires.

Il y a quelques scènes amusantes dans les *Mystifications du petit P...*, lisez Poinsinet. Mais on
conviendra qu'il y a plus de sel et aussi plus d'hu-
manité dans la dernière de nos charges d'atelier.

C'est un problème incompréhensible que ce
Poinsinet, qui avait en lui deux natures, comme
certains phénomènes qu'on exhibe ont deux têtes.
« A la malice d'un singe, dit fort bien Monnet, il
unissoit l'imbécilité d'un oison. » Au théâtre, son
esprit s'éveillait, il cousait des idées et nouait des
intrigues; mais, à la ville, il montrait une telle

crédulité que, sous l'influence de certains mauvais
plaisants, ses facultés intellectuelles et affectives
s'atrophiaient. Palissot notamment avait le don
singulier de le faire tomber en enfance : cruel
passe-temps dont il abusait dans les cercles de
géns de lettres. Au contact de Palissot, Poinsinet
sentait son crâne se vider. Cet homme, qui écri-
vait des pièces à succès pour la Comédie-Française, se laissait entraîner à écouter, du haut du
Pont-Royal, les prophéties d'une carpe qui lui an-
nonçait les plus hautes destinées ; ce collaborateur
applaudi de Philidor et de Duni abjurait tour à tour
et la foi catholique et la foi protestante devant té-
moins, par complaisance pour la galerie. On lâ-
chait dans Paris ce parolier ingénieux et élégant,
tout oint d'une pommade jaunâtre qui avait la
vertu de le rendre invisible, puis après l'avoir in-
jurié, battu de verges, arrosé de vin, on l'envoyait
voler l'argent enfermé dans le secrétaire de son
père, sous les yeux mêmes de celui-ci, le tout à
titre de fantôme. Voilà ce qu'on trouvait plaisant
dans la société de Palissot, les soirs où l'on se
réunissait chez le traiteur Landel.

M. Jules Bonassies, dans son livre sur *les Spectacles forains et la Comédie-Française,* est tenté
de considérer les *Mémoires* de Monnet comme
apocryphes, sous le prétexte que l'ordonnance vi-
sant l'expulsion des laquais de l'Opéra-Comique
est postérieure à la direction Monnet, et que ce-

lui-ci n'a pu l'obtenir à son profit, ainsi qu'il le
déclare. « L'ordonnance dont il est question, dit-il,
est évidemment celle du 21 janvier 1745, et ce
n'est pas Monnet qui put la faire rendre, puisqu'il
n'était plus directeur à ce moment. » Notre savant
confrère surprend Monnet en contradiction avec
la vérité, mais il passe à une conséquence trop
rigoureuse en contestant l'authenticité de ses *Mémoires* *, lesquels ne sont ni au-dessus ni au-
dessous de ce dont il était capable.

Divers nouvellistes, rédacteurs de mémoires et
bibliographes, qualifient Monnet d'auteur dramatique et veulent absolument qu'il ait fait, en 1737,
la comédie du *Fat puni,* qui est de 1738 et de
Pont-de-Veyle. Quérard indique comme étant de
Monnet une petite comédie en un acte intitulée
l'Inconséquente, ou le Fat puni, représentée le lundi
20 août 1786 aux Variétés et annoncée par le *Journal de Paris* sous le titre de *l'Inconséquente, ou le
Fat dupé,* sans nom d'auteur. Il s'est laissé in-
duire en erreur par la *France littéraire* de J. S.
Ersch, qui mentionne cette pièce à l'article Monnet,—mais avec un point d'interrogation, c'est-à-
dire de doute. D'ailleurs Ersch fait endosser à Jean
Monnet tout le bagage dramatique d'un certain
Monnet, auteur d'une quantité de petites pièces

---

* Il y a des exemplaires des *Mémoires* de Monnet qui
ne portent point le titre de *Supplément,* etc., et sont datés
de 1777. C'est la même édition.

jouées sur les théâtres secondaires pendant la Ré-
volution longtemps après la mort de Monnet *.

Il n'y a également aucune raison pour ajouter
foi à la *Table des Mémoires secrets de Bachaumont,* rédigée par Warée, et d'après laquelle il
faudrait attribuer à Monnet la musique d'un *Prologue des Amours des dieux,* fête sarmate, avec
des paroles de Fuzelier, annoncé le 30 septembre
1767, par Bachaumont, comme devant passer sous
peu de jours à l'Opéra.

Il y a toutefois, dans le répertoire oublié de
l'Opéra-Comique, une pièce à laquelle Monnet
paraît ne pas avoir été étranger; c'est *la Fausse
Turque,* opéra comique donné à la foire Saint-
Laurent, le 3 juillet 1761, musique de Gibert. Le
21 du même mois, l'abbé de Voisenon écrit à Favart une lettre que voici et qui prête à cette hypo-
thèse : « Madame Corbi me dit que l'Opéra-Comique fait des merveilles; on lui a cependant
mandé qu'une pièce nouvelle dont elle ne sait pas
le titre étoit tombée; je juge que c'est *la Fausse
Turque* de Monnet. Tout autre pièce turque que
celle du poëte aux gros yeux (Voisenon fait allusion
à Favart, qui venait de donner au Théâtre-Italien
Soliman II, ou les Sultanes, en avril 1761) sera *la*

---

* Entre autres *les Amants sans accord,* comédie en un
acte et en prose. Paris, 1793. — *L'Orage,* opéra villageois,
en un acte. Paris, an VI. — *La Noce de Lucette,* opéra en
un acte, an VII, etc., etc.

Fausse Turque; il n'y aura jamais que la sienne de véritable; il ferait bien de ne perdre ni ses yeux ni son tems. » Le *Nécrologe* de 1773 dit, de son côté, que Brunet, qui avoua *la Fausse Turque,* avait un collaborateur. La pièce tomba si bas qu'elle fut retirée après une seule représentation.

En revanche, des bibliographes modernes lui font honneur de la parade du *Chirurgien anglois,* représentée en 1774, et faussement attribuée à Collé [*].

Citons l'annonce de Gille, placée en tête de cette parade comme un spécimen des harangues facétieuses débitées aux badauds par les artistes en plein vent :

« GILLE. De tous les tems les grands seigneurs et les Gens du beau monde ont fait et joué la parade.

---

[*] M. E. de Manne, dans son *Nouveau Dictionnaire des ouvrages anonymes et pseudonymes* (Lyon, Scheuring, 1862, in-8°), la restitue formellement à Monnet. En voici le titre, relevé sur l'exemplaire de la Bibliothèque de l'Arsenal : Le CHIRURGIEN ANGLOIS, parade par M... *Prix, quinze sols* (*A Londres,* et se trouve à Paris, chez la veuve Duchesne, et à Lyon, chez le sieur Cellier, libraire, au Cabinet littéraire, quai Saint-Antoine, 1774, in-8°.) Les attaches de Monnet, avec Londres et Lyon, expliqueraient assez les dépôts faits dans ces deux villes.

Mais voici un détail qui contredit M. de Manne. Dans une fête arrangée, en août 1751, par Collé, au château de Berny, pour M. le comte de Clermont, on représenta une parade intitulée *Gilles, chirurgien anglois,* donnée à Etioles l'année précédente. Collé la tenait-il de Monnet ?

C'est ce qui m'autorise, messieurs et mesdames, à demander de l'indulgence pour celle que nous allons avoir l'honneur de vous représenter en personnes naturelles. Il n'y a rien de si beau que la parade, de si sublime que la parade, et rien cependant de si ordinaire que la parade. Le soldat qui va au coup de fusil, ce n'est que pour la parade. Le grand turc n'a un sérail que pour la parade; et beaucoup de gens parmi vous, messieurs, ne portent un grand nez que pour la parade. Les petites-maîtresses qui ont des vapeurs, la bouffante, le gros chignon et le caraco, ce n'est que pour la parade. Les petits-maîtres n'ont des chevaux de carrosse anglois et des demoiselles de l'Opéra que pour la parade. Si on a abandonné Molière pour les Pièces larmoyantes et les Drames anglois, le Vaudeville pour l'Ariette, le Vin pour les Femmes, les Femmes pour les filles entretenues, la table pour le luxe, tout cela n'est que pour la parade...

« Allons, mesdames, voilà la bonne heure, prenez vos places; voici le triomphe de la foire Saint-Germain, de la foire Saint-Laurent et de la foire Saint-Ovide; c'est ici le grand jeu, la troupe hollandoise, siamoise, danoise, bavaroise et suédoise. C'est nous qui faisons rire et sauter les filles et femmes de ce quartier. Nous avons l'entreprise des enfants faits et à faire dans toute l'étendue de cette province. Nous sommes les grands sauteurs et les plus grands sauteurs.

« Quelques-uns de nos spectateurs, mesdames, à qui nous avions fait l'honneur de montrer nos pièces... de Théâtre, nous avoient fait ôter des gravelures légères en nous faisant parler par des personnes de la plus

haute distinction à qui l'on ne peut rien refuser. Mais
les dames ont prié que l'on leur remît, et on leur re-
mettra..., etc. »

Quant à la parade en elle-même..., c'est une
parade, et toute foraine. Léandre compte épouser
Isabelle. Mais Cassandre a promis la main de sa
fille à un chirurgien anglais, Cotouel, qu'il attend
d'Angleterre. Gille, valet de Léandre, jette à la
traverse un de ses amis déguisé en Cotouel, qui,
après avoir proposé des traitements féroces à Cassandre, le déclare incurable et le voue à une mort
prochaine. Cassandre, pris de syncopes, défend à
Isabelle d'épouser Cotouel. Léandre guérit Cassandre à petits coups de ratafia et épouse Isabelle :
véritable intrigue de tréteaux.

Il existe plusieurs portraits de Jean Monnet.
On voit à Saint-Quentin, patrie de La Tour, dans
la salle d'étude de l'école gratuite de dessin, un
magnifique pastel du maître exposé au salon de
1757 et représentant Jean Monnet en habit noir,
avec un gilet brodé d'or et un jabot de dentelle.
C'est le Monnet officiel, Monnet à sa caisse :
l'œil est d'un fin matois. Saint-Aubin a gravé un
autre portrait de Monnet, d'après C. N. Cochin :
médaillon avec attributs de musique et emblêmes
et la devise : *Mulcet, movet, monet.* Il est placé
en tête des *Mémoires* de Monnet et de ce volume.
C'est le Monnet épanoui, à la lèvre humide, au

teint chaud, souriant à tous ses souvenirs de jeunesse. La bibliothèque de Lyon possède une
épreuve in-8°, inachevée, d'un portrait de Monnet : médaillon sans le nom ni la devise du personnage, profil à gauche. C. N. Cochin *delin*. Viguet
sculpsit.

Tous ces portraits le représentent au vif; mais
je gage que le lecteur donnera la préférence à celui-ci, signé de l'abbé de Lattaignant. Il est venu
d'un seul jet et rimé d'un seul trait, dans toute la
verdeur des impressions fraîches. On le chante
(comme on *boit un air*) sur l'air de la *Marche
des Houlans* : *A pied comme à cheval* :

Peau bise et poil brunet,
Dents blanches comme lait,
Le regard d'un furet,
Le corps bien fait,
L'air guilleret
Et folet;
Ni trop sec, ni trop replet,
Grand ni basset,
Beau ni laid;
Rable nerveux de mulet,
Ami reconnois-tu ce portrait ?
Oui trait pour trait,
Voilà Monet.
En amour volage et coquet
Comme un roquet,
Sémillant et vif comme un friquet,
Toujours, pour remplir son gousset,

6

> *Allant au fait,*
> *Et jamais distrait de son objet,*
> *Industrieux, sage et discret.*
> *Aussi ribaud qu'un baudet,*
> *Aussi futé qu'un minet,*
> *Aussi flatteur qu'un barbet,*
> *Conduisant bien son bidet.*
> *Sachant donner le torquet,*
> *Plumant sans bruit le poulet,*
> *Trompant Suzon et Babet,*
> *Engeolant par son caquet*
> *Ami, maître, maîtresse et valet,*
> *Oui, trait pour trait,*
> *Voilà Monet.*

Pouvais-je terminer plus gaiement ?

Appendice

PERSONNEL

DE L'OPÉRA-COMIQUE

PENDANT

LES FOIRES SAINT-GERMAIN ET SAINT-LAURENT *
de 1752 à 1758.

Directeur : M. MONNET
Sous-Directeur : M. ANSEAUME (1753)

ACTEURS

L'Écluse 1752, parti en 1753.
Pinot   »
Le Brun   »

---

* Voyez notre volume intitulé : LA FOIRE SAINT-LAURENT,
Son histoire et ses spectacles, avec deux plans de la Foire,
deux estampes et un fac-simile d'affiche. (Paris, A. Lemerre,
1878, petit in-8.)

Le Moyne, ci-devant acteur dans la troupe des comédiens de Versailles, joue les rôles de *Petits-Maîtres.* 1753.

Dourdet, maître de ballets, jouait aussi les rôles de niais. 1753.

Dutill a joué à la Comédie de Rouen : destiné aux rôles de paysan. Débuts à la foire Saint-Laurent de 1753.

Parent ou *Paran* avait joué la comédie en province, et en particulier à l'Opéra-Comique en Flandre. Il joue à celui de Paris depuis le rétablissement de ce spectacle, où il fait les rôles de *pierrot, de paysan* et autres rôles de caractère.

Deschamps a fait en province les rôles d'*amoureux ;* il continue les mêmes rôles depuis deux ans à l'Opéra-Comique. N'est plus mentionné en 1756.

Laruette joue différents caractères, principalement les *amoureux* dans les pièces imitées des intermèdes italiens. Il est à l'Opéra-Comique depuis le rétablissement de ce spectacle. Il doublait Deschamps.

De Hautemer pour les rôles de *financier* et de *paysan ;* il a aussi composé pour l'Opéra-Comique et pour les danseurs de corde. Parti en 1755.

Delisle, ci-devant acteur à la Comédie de Marseille, fait les rôles à *manteau* et les *paysans.*

Darcis jouait à Strasbourg les rôles de *berger* et d'*amoureux,* qu'il continue de faire à l'Opéra-Comique avec le sieur *Deschamps.* Parti en 1755.

Bouret a débuté à la foire Saint-Germain de 1754 par le rôle d'*Alexis,* dans *la Chercheuse d'esprit,* et fait avec succès les rôles de *niais.*

Rebours, ancien acteur de ce théâtre, il y a reparu au mois de septembre 1754. Il se destine aux rôles de *père* et de *paysan.* Parti en 1755.

Alexandre, pour les rôles à *manteau* et les *Arlequins.* 1755. Il avait déjà joué à l'Opéra-Comique. Il a joué la comédie en province.

Renard, de Marseille, a débuté le 26 juin 1756, par le rôle d'Agénor dans les *Nymphes de Diane.* Non mentionné en 1757.

Rosière 1756. Non mentionné en 1757.

Goyon 1757.

ACTRICES

Rolland pour les rôles de mère. Elle avait joué en Flandre à l'Opéra-Comique, et elle joua à Paris depuis le rétablissement de ce spectacle. 1752.

Eulalie Desglands, de Rennes, pour le chant, passée au Théâtre-Italien en juin 1753.

Morfie ou *Morphy.*

Le Moyne joue les amoureuses et les rôles travestis. 1753. Elle avait débuté aux Français en 1751. Elle a joué depuis à Versailles et à Compiègne.

Rosaline fait les rôles de première *amoureuse.* Elle joue à l'Opéra-Comique depuis qu'il est rétabli. Elle a chanté quelque temps à l'Opéra.

Villiers fait les rôles de mère, de tante et autres rôles de caractère. 1752.

Delorme a chanté quelque temps dans les chœurs à l'Opéra. Elle fait les rôles de *soubrette.*

Deschamps joue aussi les *amoureuses*; elle était ci-devant à la Comédie de Bruxelles.

Reparaît en 1757.

Legrand est chargée des rôles de cousine et fait les troisièmes amoureuses, depuis la foire Saint-Germain 1754.

Quenet a débuté à la foire Saint-Laurent le 17 septembre 1754 dans le rôle de la *Nouvelle-Bastienne.*

Baptiste, depuis la foire Saint-Germain de 1755 pour les rôles d'*amoureuse.*

Superville, id. pour les rôles de *cousine.*

Mantel, id. pour les mêmes rôles que les deux précédentes.

Daʒincourt, à partir de 1756.

Villaire, à partir de 1756, non mentionnée en 1757.

Bourdais, à partir de 1756, non mentionnée en 1757.

Constantin 1757.

Petitpas   »

Lebrun   »

ORCHESTRE

Chefs ou Compositeurs.

? Mangent ou Mangean, 1752.

D'Avesne,   1753-1756.

Guillemant,   1757.

Violons.

Mangean, 1753.   Arnoult, 1753-54.

De Montgautier, 1752.

Alexandre, 1753.

Gautier, 1753.

Leblanc, 1752.

Vibert,   »

Vezou, 1752, 2e *dessus*, 1756.

Froment.

Guillet.

Le Cler.

Patou.

Senaut, 1753.

Simonet, 1753.

Voyez, 1753, 1er *dessus*, 1756.

Paris, 1754.

Champion, 2e *dessus*. 1756.

Lebel, 1755.

Rivière, 1755, 1er *dessus*. 1756-57.

Capron.

Salomon, 1er *dessus*, 1756.

Déhaut, 2e *dessus*, 1756.

Sarcy, 1757.

Desmarais, 1754.

Basses et Violoncelles

Devenne, 1752.

Bernard, 1752-53.

Alexandre, 1752.

Prudent, 1754.

Vatrin, 1754, *violoncelle*, 1756.

Baptiste, 1755, *violoncelle*, 1756.

Lechantre, *violoncelle*, 1756.

Lemière, *violoncelle*. 1757.

Contre-basses

Marchand, 1754.

Dargent, 1754.

Spourny, 1756-57.

Hautbois

Decabanne, 1752.

Rostenne *, 1752.

Achard, 1755-56.

Delusse, 1756-57.

* Indiqué dans les *Spectacles de Paris* pour 1755, avec Vautier, comme *flûte et hautbois*. Hautbois en 1756.

Vautier, 1754.   Luzy, 1757.

Bassons.

Cugnier, 1752.   Simonet, 1754.
Berault père, 1752.   Dard.
Berault fils, 1752-53.   Simonet C.
France, 1754.   Achard *, 1757,

Cors et Cors de chasse.

Hébert, *cor de chasse.*   Steinmetz, *cor,* 1754,
    1753.   Chindelar, *cor de chasse,*
Beauplan,   — 1753.   1757.
Ebert ou Hebert, cor,   Adam, *cor de chasse,*
    1754.   1757.

Timbalier.   ### Trompette.

Baronville, 1754.   Désabey, 1754.

Altoviola.

Sarcy, 1756.   Moreau, 1757.

Répétiteurs.

Patout, 1753.
Sarcy, *répétiteur et altoviola,* 1756; *violon,* 1757.

---

* La composition de l'orchestre est variable, mais elle
ne dépasse pas une moyenne de dix-huit musiciens, la
plupart jouant indifféremment d'un instrument ou d'un
autre, surtout dans la famille des instruments de bois.

BALLET

Maîtres de ballet.

1752. Dourdet ou Dourdé.
1753-54. Noverre (Dourdé était passé au Théâtre-
        Français).
1755. Noverre et Dourdet.
1756-57. Levoir.

Danseurs.

1752. Mergeri.
      Casemi.
      Boisgeoffroi.
      Henri.
      Gobert.
      Bouzani.
      Sodi C., *italien.*

1753. Micheli de l'Agata,
      italien.
      Pietro et son fils,
      Vilain.
      Lépy.

1754. Delaitre.
      Desmartins.
      Noverre C.
      Rochefort.
      Gatebois.
      Pochet.
      Lassi.

1752. Cosimo Marranesi,
      italien.
      Galodier.
      Harant.
      Julien.
      Lefèvre.

1752. Linard.
      Dupuis.
      Papillon.
      Le Hot (Lescot?).
      Giguet.

1754. Canut.
      Leclerc.
      Turbeau.
      Chaperon.
      Bataille,
      Lescot.

1755.	Regina.	1755.	S. Léger.
	Vincent.		Hus.
	Prudhomme.		Félix.
	Rey.		Grenier.
1756.	Grimaldi.	1756.	Artus.
	Simonnet.		Boyer.
	Delzire.		Bourdais.
	Auretti.		Gaillot.
	Baptiste.		
1757.	Lavallée.	1757.	Jamme.
	Valentin.		Moulinghen.
	Duval.		Butot.
	Léger.		Georges.
	Hennequin.		Legrand.

Danseuses.

1752.	Dumiret.	1752.	Marlet.
	Deschamps.		Beauregard.
	Cornu.		Dufay.
	Casemi.		Lambert.
	Raymond.		Guerdel.
	Petit.		Riquet.
	Maupin.		Du Malger.
	Martinier.		Bettina Beviani,
	Morel.		*italienne.*
	Rosalie.		Caron.
1753.	Micheli, *italienne.*	1753.	Derosée.
	Prudhomme.		Lanoy.
	Beauplan.		Valentin.

| Dufeu. | Dufay. |
| Guirardelle. | Petit. |

Parmi elles, il y en a quelques-unes qui chantent dans les pièces : Prudhomme, Deschamps et Beauplan.

1754.	Delaître.	1754.	Paran.
	Sauveur.		Lejeune.
	Marini.		Marlet.
	Armand.		Lescot.

1755.	Saulier.	1755.	S. Agnan.
	Crônier.		Rousselet.
	D'Artois.		D'Ormesson.
	D'Alancour.		

1756.	Leclerc.	1756.	Auretti.
	Regina.		Boyer.
	Tournier.		Pomeuse.
	Luzy.		Ferrière.
	Peslin.		Desgranges.
	Perrin.		

1757.	Rey.	1757.	Coligny.
	Luzy.		Rey C.
	Pietro.		Beaussard.
	Clément.		Durfé.
	Desgranges.		Grammont.
	Romée.		Beauchamp.

Plus encore que l'orchestre, le corps de ballet change et se renouvelle. Aussi n'indiquons-nous que la date d'entrée de chaque danseur ou danseuse, et simplement à titre de jeton de présence.

EMPLOYÉS

Duval, *copiste*, 1753.

Sylvestre, *copiste*, 1754.

Boquet, *dessinateur d'habits*, 1753.

Guilliet et Moulin, *peintres décorateurs*, 1753.

Deleuse, 1757.

D'Amour, *concierge*, 1753.

Peret, *contrôleur*, 1753.

Labarre, *contrôleur*, 1756.

Mademoiselle Labarre, *reçoit les billets à la porte*, 1756.

Deschâteaux, 1757.

Martin, *reçoit ceux de l'amphithéâtre*, 1757.

Thomas, *reçoit ceux du parquet*, 1757.

Favre, 1755.

Ponsard, *reçoit ceux du parterre*, 1757.

Mesdemoiselles Germain, Favre et d'Amour, *reçoivent ceux des premières loges et amphithéâtre*, 1757.

Mademoiselle Ponsard, 1757.

Mesdemoiselles Jacquemarre, Leclerc et la veuve d'Amour, *reçoivent ceux des secondes et des troisièmes*, 1757.

Mademoiselle Constant, 1757.

Grandidier, *délivre les billets de théâtre et de premières loges*, 1757.

Durivaut, *délivre les billets de secondes et de troisièmes loges et ceux du parterre*, 1757.

RÈGLEMENTS

DE

L'OPÉRA-COMIQUE

I

Règlement pour la police intérieure de l'Opéra-Comique.

Le relâchement de la police qui doit être observée dans l'intérieur du spectacle de l'Opéra-Comique ayant donné lieu à plusieurs abus qui intéressent autant la décence des mœurs que le succès même et la tranquillité du spectacle, il a été réglé et arrêté que les articles ci-après seront exactement observés.

I. Les acteurs et actrices, danseurs et danseuses se rendront au théâtre à l'heure marquée pour se préparer et s'habiller ; et les actrices et danseuses ne laisseront entrer dans leurs loges que les coiffeuses, leurs femmes et les personnes nécessaires à leur ajustement.

II. Tous les acteurs, et principalement les actrices et danseuses, ne paroîtront sur le théâtre ou dans les coulisses que pour jouer leurs rôles, et chaque fois qu'elles sortiront de la scène, elles se retireront successivement dans la loge construite à cet effet à côté de l'orchestre, à moins qu'elles ne fussent obligées de reparoître un instant après, auquel cas elles pourront rester dans la salle, pourvu qu'elles s'y comportent modestement et ne s'écartent point.

III. En conséquence de l'article ci-dessus, ne pourront lesdites actrices et danseuses, lorsqu'elles auront fini leurs rôles sur la scène, demeurer ni s'arrêter dans les coulisses, sous quelque prétexte que ce soit, à peine de payer l'amende qui sera ci-après réglée pour chaque fois qu'elles y auront contrevenu.

IV. Tous acteurs et actrices, danseurs et danseuses, symphonistes et autres employés seront tenus de se trouver exactement à la répétition des pièces aux heures qui leur sont prescrites, comme aussi d'entrer au théâtre les jours de spectacle aux heures marquées.

V. Tous acteurs et actrices, danseurs et danseuses qui auront contrevenu à ce qui est porté par les articles ci-dessus, seront amendables de la somme de 6 liv. pour chaque contravention, et les symphonistes et autres employés de celle de 3 liv., lesquelles sommes seront retenues sur leurs appointemens.

VI. Ceux et celles qui n'arriveront aux répétitions

qu'après la première scène finie, payeront chacun la moitié de l'amende ci-dessus.

VII. Tous acteurs, danseurs, symphonistes et autres employés qui se présenteront au spectacle dans un état d'ivresse payeront l'amende de 6 liv. pour la première fois, et en cas de récidive, il sera libre à l'entrepreneur de les remercier.

VIII. Il y aura un contrôleur des amendes chargé d'en faire la retenue sur les appointemens de ceux ou celles qui les auront encourues, et le produit en sera distribué chaque mois par l'entrepreneur ou directeur, en présence dudit contrôleur, aux pauvres gagistes du spectacle qui sont jugés en avoir le plus besoin.

IX. Les portiers et contrôleurs qui laisseront entrer sans payer ou sans un billet de l'entrepreneur seront à l'amende de 3 liv. pour chaque personne.

X. Tous les gens de postes ne pourront recevoir de l'argent pour faire entrer ou placer qui que ce soit sans un billet du bureau, à peine de révocation de leur emploi.

XI. Les acteurs, actrices, danseurs et danseuses ne pourront se placer dans aucun endroit de la salle aux heures de spectacle, sinon dans une des secondes loges qui sera destinée à cet effet.

11

Règlemens pour les Ballets d'Opéra-Comique.

Nous soussignez Maîtres des Ballets et toutes les personnes employées dans la Danse du spectacle de

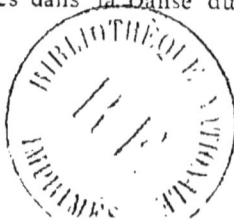

7

l'Opéra-Comique, sommes convenus d'observer exactement tous les règlements qui suivent,

Sçavoir :

I. Nous nous trouverons à toutes les Répétitions particulières, indiquées par les Maîtres des Ballets, à peine de trois livres d'amende pour les Figurans et Figurantes qui se feront attendre, et de dix livres pour ceux ou celles qui manqueront à la répétition entière.

II. Nous serons de même exacts aux Répétitions générales, indiquées par les Maîtres des Ballets, à peine de six livres d'amende pour ceux ou celles qui se feront attendre et de douze livres pour ceux qui manqueront tout à fait.

III. Le Répétiteur payera l'amende comme les Figurans, quand il se fera attendre, ou qu'il lui arrivera de s'absenter.

IV. Les Danseurs, Danseuses, Figurans et Figurantes, se rendront au Théâtre et se tiendront habillez assez tôt, pour que l'exécution des Ballets puisse se faire au tems marqué, à peine de six livres la première fois pour ceux ou celles qui manqueront leur entrée, et d'une plus forte amende et même de prison en cas de récidive.

V. Chacun se conformera en ce qui concerne l'habillement, la coiffure, la chaussure et les ajustemens, au plan donné par le Maître des Ballets, à peine de trois livres d'amende pour ceux qui n'observeront pas l'uniformité.

VI. Ceux qui négligeront la propreté dans leur chaussure payeront trente sols d'amende.

VII. Les Figurans et Figurantes qui ajouteront à la Composition du Maître des Ballets, en y plaçant des entrechats et autres cabrioles, lorsqu'il n'y en aura point dans le Ballet, payeront trois livres d'amende, de même que ceux ou celles qui figureront avec négligence, soit par caprice ou mauvaise humeur, et qui de propos délibéré feront manquer le Ballet, seront à l'amende de six livres, sauf aux supérieurs à leur imposer un châtiment plus sévère.

VII. Les Maîtres des Ballets, premiers Danseurs et premières Danseuses, payeront les amendes doubles, quand ils contreviendront à quelqu'un des règlemens ci-dessus.

IX. Les amendes ci-dessus spécifiées, seront retenues chaque quinzaine sur les appointemens de ceux ou celles qui les auront encourues. Sauf au Directeur à en faire une distribution à ceux qui auront le mieux fait leur devoir pendant le courant de la Foire.

Collationné à la minute originale restée ès mains du Directeur, signée des sieurs maîtres des Ballets et autres Danseurs, Danseuses, Figurans et Figurantes *.

Sans date.

* Ce règlement faisait partie de la collection Sapin, qui le possédait à l'état d'affiche. C'est une pièce unique, sans date.

GARDE DE L'OPÉRA-COMIQUE

La garde de l'Opéra-Comique et des autres jeux de la foire Saint-Laurent est composée au moins de seize hommes et d'un brigadier commandés par M. d'Hemery, pensionnaire du Roi, et lieutenant de la Compagnie de Robe-Courte.

Elle fut commandée ensuite par M. de Saint-Marc, lieutenant du Guet, qui remplaça d'Hemery à la foire Saint-Laurent en 1755 et années suivantes, avec trente hommes, quatre caporaux et un sergent-major.

RÉPERTOIRE

PRINCIPALES REPRISES

3 février 1752. — *Les Amours de Nanterre*, par Autreau, Lesage et d'Orneval.

Rajeuni par Fleury qui a remplacé le texte primitif, par plus de soixante couplets nouveaux.

La Servante justifiée, par Fagan et Favart.

18 mars. — *La Reine de Barostan*, par Lesage et d'Orneval.

Avec Parant dans le rôle de Pierrot.

Mars. — *La Chercheuse d'esprit*, par Favart.

Prodigieux succès. « La naïveté de cet agréable ouvrage n'avait jamais été aussi bien rendue qu'elle l'a été par Mlle Rosalie. » (*Mercure* d'avril.)

3o juin. — *Le Déguisement pastoral,* par M. Bret.

La Coquette sans le sçavoir, par M. Rousseau.

8 juillet. — *Le Coq du village,* par M. Favart.

Juillet ? — *Le Miroir magique,* de M. Fleury.

Réduction en un acte de *la Statue merveilleuse,* pièce en trois actes de Lesage et d'Orneval.

12 août. — *Pygmalion,* par MM. Favart et Laffichard.

Mlle Morphy faisait la statue. Voix un peu faible, de la grâce, du naturel et un air décent.

Foire Saint-Germain de 1753. — *Le Monde renversé,* un acte de Lesage et d'Orneval, avec des changements par Anseaume.

Février 1753. — *Le Rémouleur d'amour.*
              La Fausse Ridicule.
              Acajou.
              Le Parnasse moderne.

Juillet 1753. — *Le Mariage du Caprice et de la Folie,* de Piron.

Août 1754. — *Le Prix de Cythère,* de Favart.

1er février. — *La Pénélope moderne,* un acte de Lesage.
              La Coupe enchantée.
              Le Plaisir et l'Innocence.

1755. — *Les Jeunes Mariés,* un acte de Favart. Imprimé sous le nom de Favart et Parmentier en 1755.

3 février 1756. — *Le Confident heureux.*
Le Bal bourgeois.

26 juin. *Zéphir et la Lune.*

Foire Saint-Laurent, 1756. — *L'Amour impromptu,*
parodie de la troisième entrée des *Talents lyriques,*
de Favart.

PIÈCES NOUVELLES ET BALLETS

1752

FOIRE SAINT-GERMAIN

Jeudi 3 février. — *L'Heureux Retour, ou le Retour
favorable,* prologue de Fleury. (Delormel, in-8, avec
le *Compliment* de clôture prononcé le 24 mars suivant.)

8 mars. — *La Fileuse,* parodie d'*Omphale,* par
M. Vadé.

Le sort n'en fut pas très heureux. *Fanfale,* autre
parodie donnée à la Comédie-Italienne, emporta tout
le succès.

Samedi 18 mars. — *Pygmalion, ou les Petits Sculp-
teurs,* ballet pantomime, par Dourdé.

Samedi 18 mars. — *Les Fleurs indiscrètes, ou le
Bouquet enchanté.*

FOIRE SAINT-LAURENT

Vendredi 3o juin. — *Le Temple des Nonnes*, prologue de Fleury. (Delormel, in-8.)

Juillet. — *Le Jardin des Fées*, ballet pantomime, de Pierre Sodi. Musique de Sodi aîné? Le pas des *Sabotiers* (qui fut exécuté plus tard à la Comédie-Française) était dansé par Marranesi et Mlle Bugiani.

Lundi 7 août. — *Le Poirier*, un acte par Vadé.

Jeudi 21 août. — *Le Bouquet du Roy*, par divers auteurs qui ne furent pas nommés, mais dont était Vadé.
Suivi d'un *ballet pantomime*, par Sodi cadet, Marranesi et Mlle Bugiani : *les Batteurs en grange* sans doute.

7 août. — *Le Ballet des Tailleurs*, dansé par les mêmes.

Samedi 12 août. — *Les Batteurs en grange*, ballet pantomime, exécuté par :
Sodi cadet, Marranesi, Mademoiselle Bugiani, etc.
Précédemment dansé à Londres par les deux derniers, et repris au Théâtre-Français par les trois, pendant l'été de 1753.
Auteurs du ballet et de la musique inconnus.

Septembre. — *La Pipée*, ballet pantomime, à la suite du *Rossignol*.

Septembre. — *Les Charbonniers*, ballet dansé par Marranesi et Mademoiselle Bugiani.

Repris par les mêmes à la Comédie-Française dans l'été de 1753.

15 septembre. — *Le Rossignol*, par divers qui gardèrent l'anonyme. (In-12.)

Repris à la foire Saint-Germain suivante. Les auteurs se disculpent dans un *Avis* d'avoir rien pris à la pièce de M. Baillière, représentée à Rouen en 1751, sous le même titre.

« On a donné très peu de ballets nouveaux à l'Opéra-Comique ; mais les anciens ont fait autant de plaisir que dans leur nouveauté. Parmi les nouveaux, on compte particulièrement *le Jardin des Fées* et *les Batteurs en grange,* et entre les anciens, *l'Œil du Maître.* »

1753

FOIRE SAINT-GERMAIN

Février. — *Le Parnasse moderne*, par M. B.., Non imprimé.

Vendredi, 23 février. — *Totinet,* parodie de *Titon et l'Aurore,* par MM. Portelance et Poinsinet. (Delormel et Prault fils, in-8.)

Février. — *Ballet de la Folie.*

13 mars. — *Le Suffisant*, par M. Vadé.

7 avril. — *Le Calendrier des Vieillards*, par MM... N'a pas réussi. Attribué à Bret et de La Chassaigne.

10 avril. — *Le Rien,* parodie des parodies de *Titon et l'Aurore,* par Vadé. (Duchesne, in-8, avec le *Compliment* du même prononcé à la clôture le 14 avril.)

FOIRE SAINT-LAURENT

12 juillet. — *La Vengeance de Melpomène,* prologue, par M. Anseaume.

Jeudi 12 juillet. — *La Mort de Goret,* tragédie par MM. Fleury et..., jouée à la suite du prologue précédent. (Paris, Duchesne, in-8.)

Jeudi 19 juillet. — *La Coupe enchantée,* un acte par M. Rochon de la Valette.

19 juillet. — *Les Promenades du Cours,* ballet.

Août. — *Le Jardinier,* ballet pantomime.
	 — *Les Pâtres,* pantomime.

30 juillet. — *Les Troqueurs,* de Vadé, musique de Dauvergne.

Repris le 30 mars à la foire Saint-Germain, 1754.

Mardi 14 août. — *Les Filles,* opéra-comique en un acte, par M. Rochon de la Valette.

Espèce de parodie de la Comédie des *Hommes* au Théâtre-Français et de celle des *Femmes* au Théâtre-Italien.

Vendredi 24 août. — *Le Boulevard,* par M. de Hau-temer.

... et Anseaume, ajoute le *Dictionnaire des Théâtres.*

Vendredi 7 septembre. — *Le Plaisir et l'Innocence,* un acte par M. Parmentier. (Duchesne in-8.)
Pantomime par les danseurs italiens.

Fin septembre. — *Les Nymphes de Diane,* par M. Favart. Cette pièce avait été déjà jouée et imprimée en Flandres (Bruxelles, 1748, in-8), mais c'est la première représentation à Paris.

Reprise le 26 juin 1756, et suivie d'un divertissement intitulé *Diane et Endymion.*

7 octobre. — *Compliment* pour la clôture par made-moiselle Rosaline, qui l'a composé et récité.

1754

FOIRE SAINT-GERMAIN

4 février. — *L'École des Tuteurs,* en un acte, par M. Rochon de la Valette. Imprimé.
Le sujet en est pris dans un conte de La Fontaine.

18 février. — *Le Trompeur trompé, ou la Rencontre imprévue,* en un acte par Vadé.
Une des plus jolies pièces qu'on ait jouées à ce spec-tacle.

Samedi 9 mars. — *Bertholde à la Ville,* opéra-comi-

que en un acte, par MM. de L..., Anseaume et F... et
pour les ariettes de M. de S...

Par Vadé, Anseaume et Hautemer, dit le *Dictionnaire des Théâtres.*

Imprimé. Parodie de l'intermède italien *Bertholdo in
corte.*

23 mars. — *La Péruvienne*, un acte de M. Rochon
de Chabannes.

Imprimé. Duchesne. in-8.

Samedi 6 avril. — *L'Heureux Accord,* compliment
pour la clôture de la foire.

FOIRE SAINT-LAURENT

L'Impromptu des Harengères, un acte par Farin de
Hautemer, au sujet de la naissance du duc de Berry.

28 juin. — *Il était temps,* parodie de l'acte d'*Ixion*
dans le ballet des *Éléments,* par Vadé.
Succès.

Samedi 20 juillet. — *Le Chinois poli en France,*
parodie du *Chinois de retour,* intermède italien en un
acte par Anseaume.

Un mandarin...........	M. de Hautemer.
Noureddin, Chinois qui a voyagé en France.......	M. de La Ruette.
Hamsi, autre Chinois.....	M. Darcis.
Églé, Zaïde, filles du mandarin	Mlles Rosaline, Deschamps.

12 août. — *Cythère assiégé,* par MM. Fagan et
Favart.

28 août.— *Les Fra-Maçonnes,* parodie de l'acte des *Amazones* dans *les Fêtes de l'Amour et de l'Hymen,* par M. Henri-Antoine Poinsinet ; n'a pas réussi.

17 septembre.—*La Nouvelle Bastienne,* par MM. Vadé et Anseaume.

L'intrigue est la même que celle du *Devin du Village* et des *Amours de Bastien et de Bastienne.* Dans ces deux pièces, c'est la dame du village qui est amoureuse du berger : c'est le contraire dans celle ci.

Lundi 1ᵉʳ juillet. — *Les Fêtes chinoises,* de la composition de Noverre. Décorations de Guillet et Moulin, peintres de l'Académie royale de musique. Costumes d'après les dessins de Boquet. Ce ballet avait déjà été exécuté à Lyon, à Marseille et à Strasbourg : il fut monté avec un luxe extraordinaire.

L'entrée de Noverre à l'Opéra-Comique est signalée par une série de ballets qui en firent le principal succès.

« La multitude... y court avec une fureur qui n'a point d'exemple. » *(Mercure* d'août.)

17 septembre. — *La Fontaine de Jouvence,* par Noverre.

Analyse détaillée de ces deux ballets dans les *Spectacles pour* 1755.

1755

FOIRE SAINT-GERMAIN

1ᵉʳ février. — *Les Troyennes de Champagne,* par Vadé, pour l'ouverture.

Parodie de la tragédie des *Troyennes*, de M. de Cha-
teaubrun.

18 février. — *Jérôme et Fanchonnette*, pastorale de
l a Grenouillère, parodie en langage poissard, par
M. Vadé, de l'opéra de *Daphnis et Alcimadure*.
Les Matelots, ballet de Noverre.

FOIRE SAINT-LAURENT

Juillet. — *La Maison à deux portes,* un acte par
M . de Hautemer.

Renouvelé de l'ancien théâtre de la foire et proche
parent d'une pièce jouée sous ce titre à la Comédie-
Ita lienne.

14 juillet. — *La Bohémienne,* parodie de *la Zingara,*
intermède italien.

Favart a donné à la Comédie-Italienne sous le même
titre une traduction en deux actes de la *Zingara,* le
28 juillet 1755.

31 juillet. — *Le Confident heureux,* un acte par
M . Vadé.

11 août. — *Les Réjouissances flamandes,* ballet de
Noverre. Voir l'analyse dans *l'Almanach des Spectacles*
pour 1756. C'est un Téniers dansé.

6 septembre. —*Folette, ou l'Enfant gâté,* parodie
du *Carnaval et la Folie,* par Vadé.

1756

FOIRE SAINT-~~LAURENT~~

Samedi 7 février. — *Nicaise,* par M. Vadé, suivi d'un

ballet pantomime intitulé : *le Berger préféré*. V. Extrait dans le *Journal encyclop.*, t. II, partie II, p. 98.

· Bouret jouait *Nicaise*.

11 mars. — *Les Racoleurs*, un acte par M. Vadé. *J. encyclop*, t. III, part. I, p. 90.)

FOIRE SAINT-LAURENT

19 août. — *Le Diable à quatre*, en 3 actes mêlés d'ariettes, par Sedaine.

Imitation de la farce anglaise qui porte le même titre et dont M. Patu venait de donner une traduction.

Les Amants trompés, un acte, mêlé d'ariettes, par Anseaume et Marcouville.

Bien reçu, grâce à mademoiselle Rosaline, à Laruette et à mademoiselle Baptiste.

Le *Mercure* de septembre, page 231, cite un couplet adressé à cette dernière par Brunet, sur la façon dont elle jouait le rôle de Finette.

Le Troc, parodie des *Troqueurs*, par F. de Hautemer, à la foire Saint-Laurent en 1756.

Samedi 11 septembre. — *Le Mariage par escalade*, comédie en un acte, faite à l'occasion de la prise de Port-Mahon, par M. Favart.

Composée pour être représentée chez la marquise de Mauconseil, et représentée chez elle le 9 septembre en présence de M. le duc de Richelieu, de MM. d'Argenson, de Maillebois, d'Egmont, de Fronsac, etc.

« Tout Paris y accourt. » (*Mercure* d'oct.). *Les Amours grenadiers, ou la Gageure anglaise*, un acte

de Quétant, sur le même sujet, attira du monde aux
Danseurs de corde.

1757

FOIRE SAINT-GERMAIN

8 février. — *L'Impromptu du cœur*, un acte, par
M. Vadé.

14 mars. — *La Répétition générale du petit Maître
malgré lui*, un acte, par M. Favart, sur le même plan
que *la Répétition interrompue*.

22 mars. — *La Fausse Aventurière*, en deux actes
mêlés d'ariettes, par MM. Anseaume et Marcouville.

FOIRE SAINT-LAURENT

Mardi 28 juin. — *La Guirlande*, par M. Baillière.
Représentée déjà sur le théâtre de Rouen, le 24
mars 1757.

26 juillet. — *Le Peintre amoureux de son modèle*,
en deux actes, par M. Anseaume, musique de
M. Duni.

C'est le coup d'essai de Duni au théâtre, à Paris.

Imitation de son intermède : *Il Pittore innamorato*,
donné à la cour de Parme.

Mercredi 17 août. — *Le Mauvais Plaisant, ou le Drôle de corps,* par M. Vadé.

Ouvrage posthume. Bouret jouait le mauvais plaisant.

Le Suisse dupé, ballet pantomime, par M. Rey.

Rey était le frère de Mademoiselle Rey, danseuse à la Comédie-Française ; son ballet était fort joli.

15 septembre. — *Le Faux Dervis,* en un acte, par M. Poinsinet.

Pièce tirée du *Faiseur de pape,* conte de La Fontaine ; de *l'Hermite,* autre conte, selon Fréron.

22 septembre. — *Le Nouvelliste dupé,* un acte par M. Panard.

8

TABLE

TABLE 117

APPENDICE

DU MÊME AUTEUR :

Étude sur une Folie a Rome, *opéra bouffe de Fede-
rico Ricci, avec un avant-propos, par Albert de Lasalle, un portrait à l'eau-forte de F. Ricci, par Cu-
cinotta,* un Appendice biographique, bibliographique
et anecdotique et un Catalogue complet des Œuvres
de F. Ricci (Paris, Bachelin-Deflorenne, 1870), 1 vol.
in-12.

La Fourchette Harmonique, *histoire de cette société
musicale, littéraire et gastronomique, avec des notes
sur la Musicologie en France.* (Paris, Alphonse Lemerre, 1872), 1 vol. in-12.

La Foire Saint-Laurent, *son histoire et ses spectacles,*
avec deux plans de la Foire, deux estampes et un
fac-simile d'affiche (Paris, A. Lemerre, 1878), 1 vol.
p. in-8.

Pour paraître prochainement :

Histoire littéraire et musicale du premier Opéra-
Comique français, 1 vol.

La Littérature poissarde au XVIIIe siècle. — *Vadé,
— Lécluse, — Boudin.* — 1 vol.

Etc...

LA

Chronique Musicale

Revue de l'Art Ancien et Moderne

Dirigée par M. Arthur HEULHARD

1873-1876

Collection complète en onze volumes grand in-8°

Librairie Abel Pilon

A. LE VASSEUR, successeur, 33, rue de Fleurus

Prix : 130 francs

La collection complète de ce magnifique Recueil (de juillet 1873 à juillet 1876) se compose de 11 vol. gr. in-8° sur papier jésus pittoresque, de plus de 300 pages chacun, précédés d'un frontispice de Carrier-Belleuse et terminés par une *Table analytique* et *alphabétique des matières*, avec Musique, Gravures, Eaux-Fortes, Autographes, tirés hors texte, Fleurons, Culs-de-Lampe, etc., etc.

Cette publication, la plus belle incontestablement qui ait jamais été faite en son genre, compte parmi ses collaborateurs : MM. X. Aubryet, Paul Arène, Théodore de Banville, Daniel Bernard, Gustave Bertrand, Philippe Burty, Champfleury, Guy de Charnacé, H. Cohen, Charles Deulin, A. Elwart, J. de Filippi, Paul Foucher, Ludovic Halévy, H. Hostein, Charles Joliet, Adolphe Jullien, P. Lacome, Louis Lacombe, Albert de Lasalle, H. Lavoix fils, D' Mandl, H. Marcello, Henry Monnier, Charles Monselet, E. Neukomm, Jules Noriac, C. Nuitter, Arthur Pougin, Pradines, L. Roger, Charles de la Rounat, R. de Saint-Arroman, Sylvain Saint-Etienne, Paul de Saint-Victor, A. Simiot, De Thémines-Lauzières, Ernest Thoinan, F. de Villars, le chevalier Van Elewyck (de Louvain), A. Vizentini, C. de Vos, J.-B. Wekerlin, etc., etc.

LE

Moniteur du Bibliophile

Gazette littéraire, anecdotique et curieuse

Rédacteur en chef : M. Arthur HEULHARD.

(1878-1880)

Collection complète en trois volumes grand in-8.

Le Moniteur du Bibliophile fondé le 1ᵉʳ mars 1878,
par MM. Jules Noriac et Arthur Heulhard, forme une
collection de trois volumes grand in-8 double couronne
de près de 400 pages chacun, dans le format carré,
aujourd'hui si recherché des amateurs.

Les volumes et plaquettes publiés par le *Moniteur
du Bibliophile* dans le cours des années 1878, 1879,
1880, sont les suivants :

1

L'Anglais mangeur d'opium, traduit de l'anglais et augmenté par A.-D.-M.(Alfred de Musset), avec une notice
par M. Arthur Heulhard (1878, 128 p.).

2

Duclos. — *Chroniques indiscrètes sur la Régence*, tirées
d'un manuscrit autographe de Collé, avec une notice et
des notes par M. Gustave Mouravit (1878, 64 p.).

3

Le Journal de Colletet, premier petit journal parisien
(1676), avec une notice sur *Colletet, gazetier*, par Arthur
Heulhard (1878-79, 256 p.).

Mémoires sur les vexations qu'exercent les libraires et imprimeurs de Paris, publié d'après l'imprimé de 1725 et le manuscrit de la bibliothèque de la ville de Paris, avec une notice et des notes par Lucien Faucou.

Mémoire pour la communauté des libraires de la ville de Paris, au sujet des abus qui se commettent dans les ventes à l'amiable ou à l'encan, avec divers appendices (1879, 112 p.).

5

L'Histoire de Madame la Marquise de Pompadour, par MADEMOISELLE DE FAUQUES, réimprimée d'après l'édition originale de 1759, avec une notice sur le livre et son auteur (1879, 166 p.).

6

L'ASSOMMOIR DU XVIIIe SIÈCLE. *Le Vuidangeur sensible*, drame en trois actes et en prose, par JEAN-HENRI MARCHAND, réimprimé sur l'exemplaire de la collection Ménétrier avec une notice par Lucien Faucou.

Complainte des Filles auxquelles on vient d'interdire l'entrée des Thuileries, à la brune, par JEAN-HENRI MARCHAND. 126 p.

7

VOLTAIRE. — *Documents inédits* recueillis aux Archives nationales, par Emile Campardon. 190 p.

8

Le Portefeuille de M. le Comte de Caylus, d'après les manuscrits inédits de la Bibliothèque de l'Université et de la Bibliothèque Nationale, avec introduction et notice, 97 p.

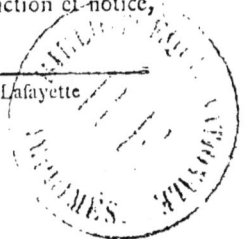

Paris. — Imprimerie ALCAN-LÉVY, 61, rue Lafayette

MENS AGITAT MOLEM

ALCAN LEUC

DVLCEME PERIDI

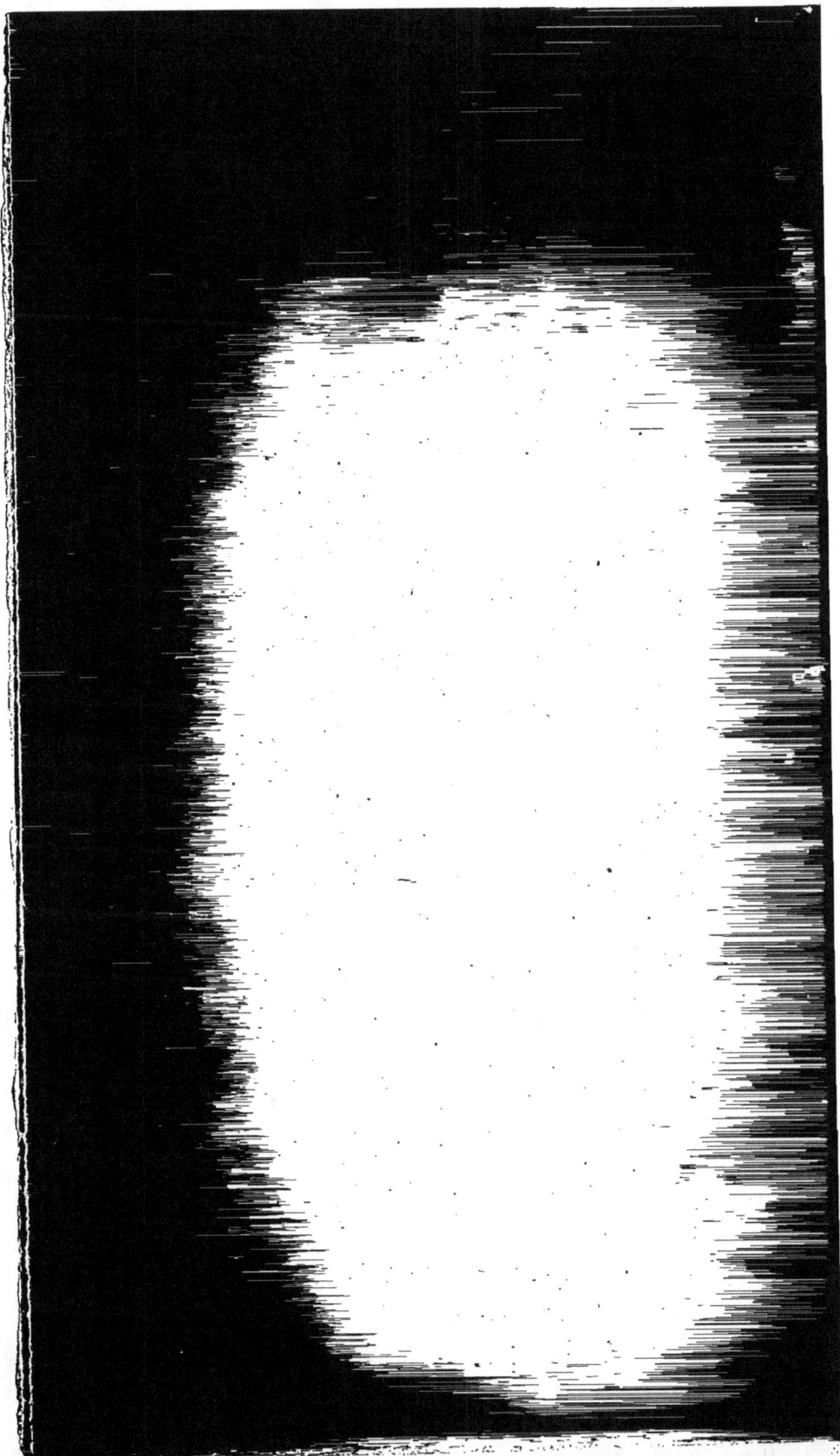

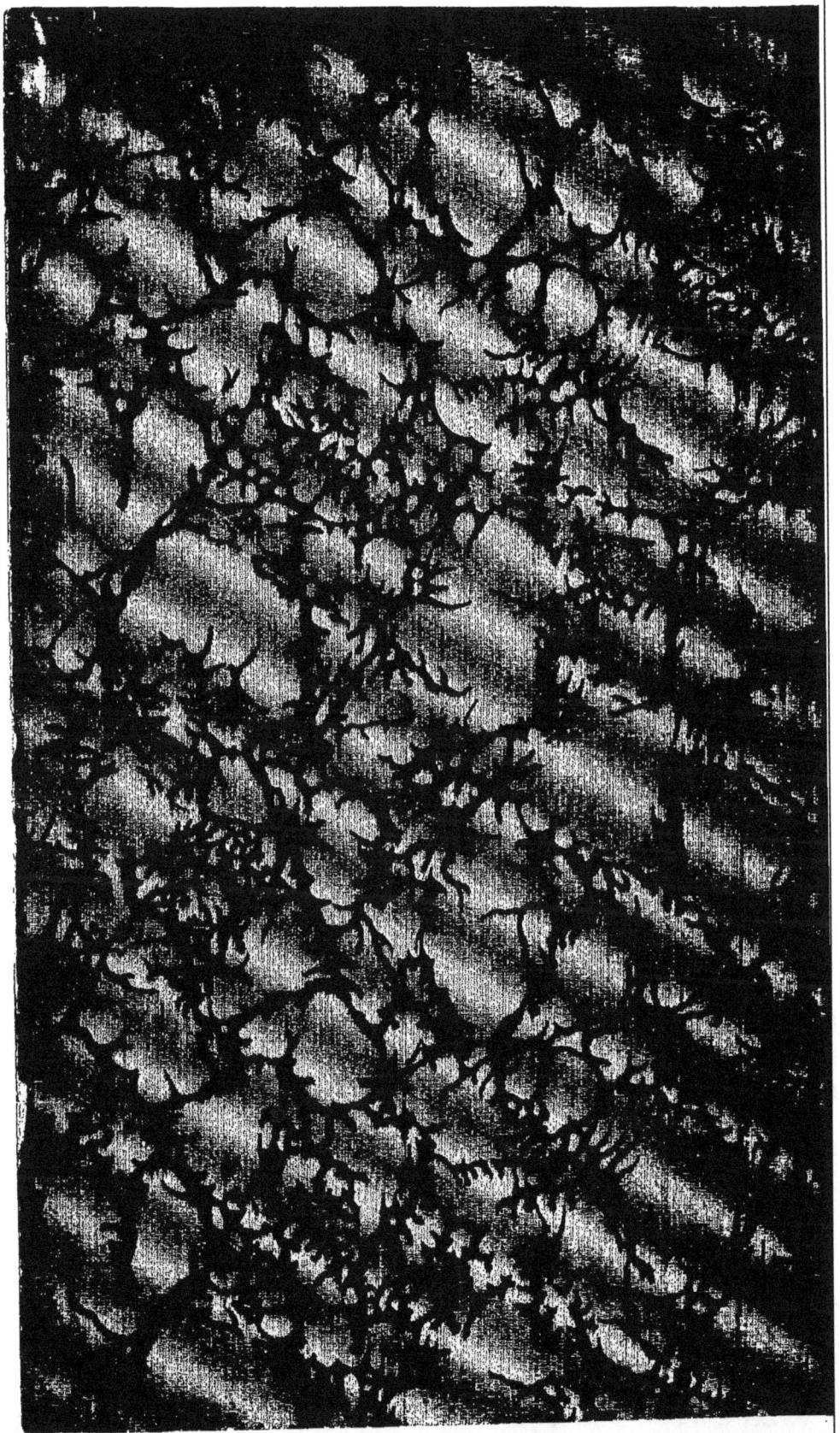

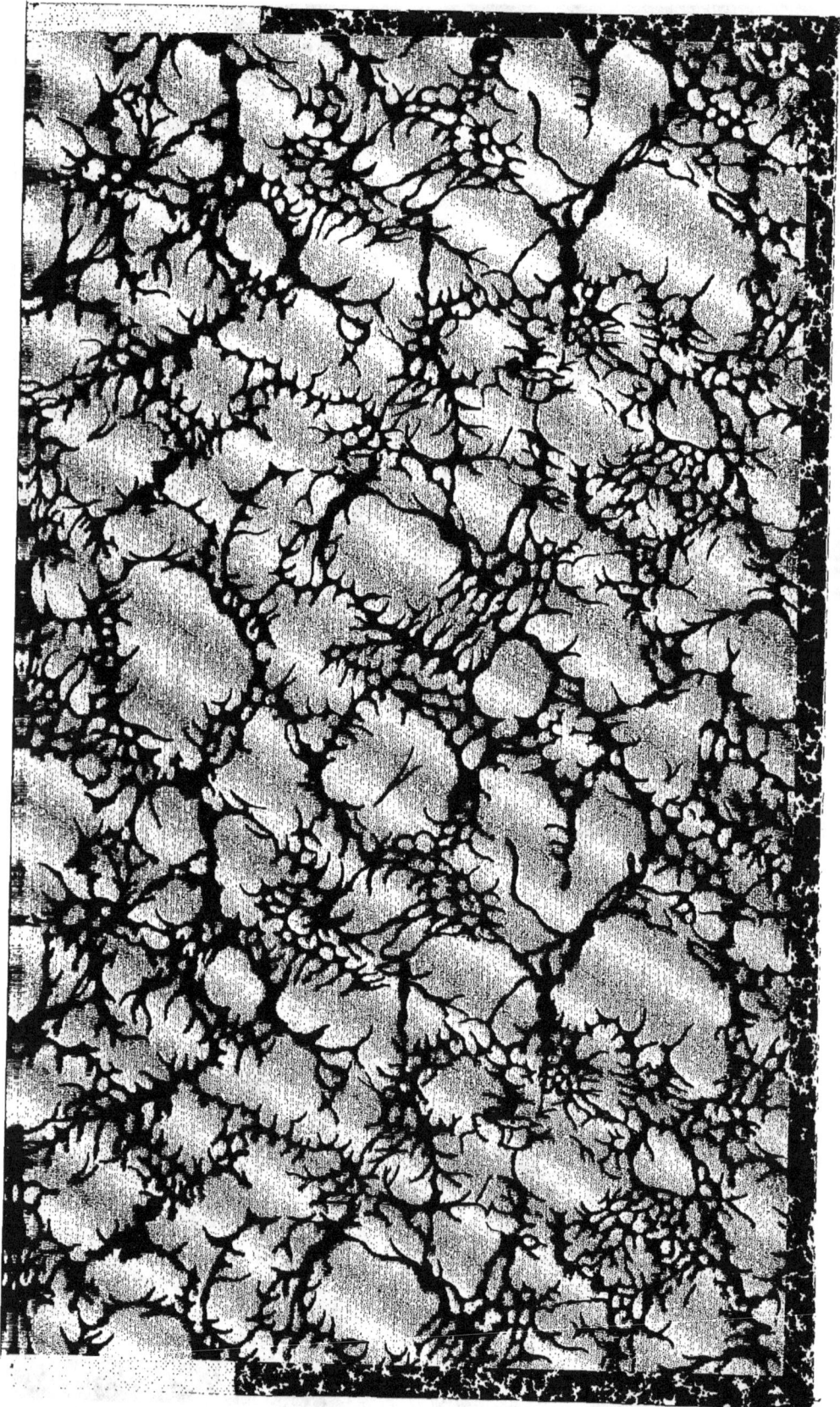